GAF

UN DÎNER TRÈS ORIGINAL

Fernando Pessoa

UN DÎNER TRÈS ORIGINAL

suivi de LA PORTE

Traduit de l'anglais et préfacé
par Dominique Nédellec

Cambourakis

Ouvrage traduit avec le concours du
Centre National du Livre

Titres originaux :
A Very Original Dinner
The Door

FERNANDO PESSOA,
L'APPRENTISSAGE DE LA FOLIE

« Je serai toujours celui qui attendait qu'on lui ouvrît la porte au pied d'un mur sans porte »

Álvaro de Campos, « Bureau de tabac »

« Un jour, à la fin de la connaissance des choses,
la porte du fond s'ouvrira et tout ce que
nous avons été – détritus d'étoiles et d'âmes –
sera balayé hors de la maison, pour que
ce qui existe recommence. »

Bernardo Soares, *Le Livre de l'intranquillité*

De Lisbonne à Lisbonne, via Durban (exils I & II)

« *Alexander Search, June 1907.* » La mention figure à la fin de *A Very Original Dinner*, un manuscrit à l'écriture nette, d'une parfaite lisibilité, aux feuillets soigneusement numérotés. Les corrections qui émaillent le texte – resté inédit du vivant de l'auteur – sont peu nombreuses, ce qui autorise à penser qu'il s'agit de la version intégrale et définitive, ou peu s'en faut, de ce conte macabre. C'est là une première surprise que nous réserve Pessoa, rétif à l'idée même de complétude. On sait en effet qu'en dépit de son goût pour les classements, les catégorisations, les listes, plans et projets en tous genres, il s'est finalement ingénié à faire de l'inachèvement la pierre angulaire d'une œuvre jamais tout à fait érigée, presque toujours fragmentaire et dispersée.

Lorsqu'il termine ce texte, Fernando António Nogueira Pessoa a dix-neuf ans (il est né le 13 juin 1888). Celui qui ajoutera définitivement la capitale portugaise à la liste des villes littéraires, au même titre que Prague, Dublin ou Trieste, n'est alors qu'un nouveau venu, ou plutôt un revenant : en août 1905, le paquebot allemand *Herzog* ramène à son bord un jeune homme ayant passé près d'une dizaine d'années au bout du monde. Après la mort de son père de la tuberculose en 1893, sa mère épouse en secondes noces le commandant João Miguel Rosa. Six mois après la nomination de ce dernier au poste de consul du Portugal à Durban, en Afrique du Sud, Pessoa part le rejoindre avec sa mère dans ce qui n'est à l'époque qu'une bourgade de pionniers dans la colonie britannique du Natal : c'est son premier exil.

Pessoa, « un Portugais à l'anglaise » »*

Si l'on excepte un séjour familial au Portugal d'août 1901 à septembre 1902, il est donc totalement immergé dans un univers anglophone de sept à dix-sept ans. Les établissements dans lesquels il est scolarisé dispensent un enseignement humaniste, dans la plus pure tradition anglaise, et visent à faire de leurs élèves de parfaits *Victorian gentlemen*. Cette décennie jouera un rôle décisif

* *« Je suis un Portugais à l'anglaise », in* Pessoa Inédito, *de Teresa Rita Lopes, Livros Horizonte, Lisbonne, 1993. La veille de sa mort (le 30 novembre 1935), alors qu'il est soigné à l'hôpital São Luís de França à Lisbonne, c'est encore l'anglais qu'il choisit pour rédiger cette ultime phrase : « I know not what to-morrow will bring. »*

dans la constitution de la personnalité de Pessoa. Précoce, d'une remarquable intelligence, il acquiert à une vitesse déconcertante une parfaite maîtrise de la langue anglaise et, entre avril 1899 et juin 1901, effectue au sein de la Durban High School l'équivalent de quatre années scolaires. Si bien qu'en 1903, lorsqu'il passe son diplôme de fin d'études secondaires, il a deux ans de moins que la plupart de ses camarades. Ce qui ne l'empêche pas d'obtenir à cette occasion le *Queen Victoria Memorial Prize*, attribué au meilleur *English Essay* (le jeune Portugais est distingué alors que près de neuf cents candidats passent cette même épreuve). Cette récompense constitue certainement un précieux encouragement pour celui qui ne tardera pas à se vouloir poète de langue anglaise.

En se présentant à l'Intermediate Examination, en décembre 1904, Fernando Pessoa a sans doute pour objectif d'obtenir la bourse concédée par la colonie du Natal au candidat le mieux classé afin d'aller poursuivre ses études universitaires en Angleterre. Pour des raisons inconnues (sa nationalité portugaise ?), Pessoa, alors même qu'il réussit brillamment son examen, se voit écarté au profit de Clifford Geerdts, moins bien noté que lui, mais qui empoche le billet pour Oxford. Ce qui fait dire à Alexandrino E. Severino, qui a travaillé sur la partie sud-africaine de la vie de Pessoa, que « la culture portugaise, finalement, doit beaucoup à cet acte d'injustice commis par les autorités de la colonie du Natal ». En effet, que serait-il advenu si Pessoa s'était alors installé à Londres ? Serait-il devenu britannique au point de se séparer définitivement de sa patrie d'origine ? Peut-être Bernardo Soares n'aurait-il jamais arpenté la rue des Douradores…

Fernando Pessoa & Cie

À son retour à Lisbonne en 1905, Fernando Pessoa rapporte avec lui un considérable bagage culturel et intellectuel, grâce à l'enseignement reçu dans la colonie anglaise, en particulier par l'entremise du *headmaster* de la Durban High School, W. H. Nicholas. Les témoignages le décrivent comme un homme érudit, passionné de littérature classique et pétri de culture grecque et latine. Il aura remarqué les capacités exceptionnelles de son élève portugais et l'aura encouragé à les exploiter. Ce que Pessoa ne manquera pas de faire, d'abord en étudiant les auteurs au programme, ensuite en lisant à un rythme effréné. Ses journaux l'attestent : le désir de connaissance de Pessoa est insatiable, au point qu'il dévore, à certaines périodes, un livre par jour. Il étudie ainsi les auteurs élisabéthains et les philosophes grecs ; il découvre Milton, Byron, Shelley, Tennyson,

Keats, qui le marqueront. Il note également avoir lu Jules Verne, Molière, Chesterton, Tolstoï...

Fernando Pessoa consacre déjà une partie de son temps à l'écriture, en prose et en vers, essentiellement en langue anglaise (ses premiers poèmes connus datent de 1901 et 1902). Il est remarquable que, dès le début de son activité littéraire, il ait recours à des porte-voix ou à des masques, à des auteurs multiples, comme si la logique de dédoublement et de dépersonnalisation était déjà à l'œuvre, bien des années avant le « jour triomphal » qui marquera l'avènement des plus fameux de ses hétéronymes, la célèbre « coterie inexistante » : Alberto Caeiro, Ricardo Reis, Álvaro de Campos. Dès 1902, lors du séjour de la famille aux Açores, Pessoa entreprend la rédaction d'un journal dont il signe tous les articles sous des noms différents. Dans un carnet, il consigne, en juillet 1903, le détail de l'ours de sa revue mensuelle, *O Palrador* (« Le Bavard ») : directeur littéraire, directeur artistique, rédacteur, responsables de la rubrique des charades (Pessoa en raffole*), des sections humoristique, sportive, etc.

* *Un de ses amis anglais, A. A. Crosse, en est friand lui aussi et s'adonne assidûment à la résolution des énigmes proposées par le* Times *de Londres. Pessoa, dans une lettre à sa fiancée Ophélia, évoquera même la possibilité que Crosse, s'il remportait un concours du journal, leur cède une partie du prix pour les aider à se mettre en ménage. Cruelle promesse que celle de Crosse... qui n'était en réalité qu'un hétéronyme parmi d'autres.*

Dans une adresse aux lecteurs, le directeur de la revue annonce que débute avec ce premier numéro « la publication de pas moins de quatre romans des plus intéressants », signés Adolph Moscow, Marvell Kisch, Gabriel Keene et Sableton Kay. On reconnaît à leur lecture une forte influence de Dickens, dont les *Pickwick Papers* ont enchanté le jeune Pessoa.

Dans le – faux – courrier des lecteurs, on note cette remarque savoureuse d'un abonné de Lourenço Marques (l'ancien nom de Maputo, capitale du Mozambique, alors possession portugaise), qui réagit à la publication d'un quatrain de Camões : « De très jolis vers, assurément. Dommage qu'ils ne soient pas de vous. »

Dans ce même carnet de 1903, on retrouve plusieurs pages d'exercices calligraphiques : le nom de Charles Robert Anon se répète, comme si Pessoa cherchait la graphie correspondant le mieux à la complexion de sa créature. Anon est l'un des premiers hétéronymes imaginés par Pessoa et l'un de ceux qui seront du voyage, lorsqu'il reviendra s'installer à Lisbonne. On retrouve d'ailleurs le nom de C. R. Anon inscrit au tampon sur le journal de 1906, dans lequel sont consignés à plusieurs reprises des commentaires sur la progression de la nouvelle *La Porte*.

Parmi ce que Pessoa appellera « une petite humanité rien qu'à moi », signalons également

Horace James Faber, personnalité littéraire à laquelle il assignera la mission d'écrire des nouvelles policières (des séries qu'il désigne sous le nom de *Detective Stories* ou de *Tales of a Reasoner*), un genre qui le passionnera tout au long de sa vie. Dans les années 1930, on le voit encore souscrire un abonnement pour recevoir d'Angleterre les nouveautés de la collection « The Albatross Crime Club ». Conan Doyle, Arthur Morrison, Anthony Berkeley sont par exemple des auteurs qu'il a grand plaisir à lire. Dans des nouvelles restées inachevées, Pessoa lui-même donnera vie à la figure originale de Quaresma, « déchiffreur de charades », médecin sans clientèle et porté sur la bouteille, qui passe son temps à fumer des cigares à deux sous et à résoudre, par la seule force de son raisonnement, les affaires que la police ne parvient pas à élucider sur le terrain.

À bas Macaulay, vive Carlyle

Mais si Pessoa commence à enrichir la liste de ses collaborateurs, il intervient également sous son propre nom dans la revue du lycée, *The Durban High School Magazine*, qui accueille dans son numéro de décembre 1904 ce qui est probablement son premier texte publié. Cet essai consacré à Macaulay, homme de lettres du XIXe siècle, lui donne surtout l'occasion de l'opposer à l'une de ses grandes passions d'alors : Carlyle. Avec une maîtrise et un aplomb déroutants pour son âge, Pessoa indique de manière incisive et implacable dans quel camp il se range. Il égratigne sérieusement Macaulay, en qui il voit un auteur talentueux, certes, mais trop raisonnable, trop pondéré à son goût. Et Pessoa de laisser entendre que si Macaulay manque de génie, c'est parce qu'il est parfaitement « sain d'esprit » : son style suffit à le démontrer. C'est donc tout l'inverse de Carlyle, qui lui, en revanche, provoque une « forte commotion » chez son lecteur, qu'il sait tour à tour enchanter et terrifier par les dérèglements subits et la « force chaotique » de son écriture, aussi puissante qu'un « coup de tonnerre ». La dialectique génie/folie restera l'une des obsessions de Pessoa* et il est intéressant de noter qu'elle est présente dès sa première publication à l'âge de seize ans.

La folie, Pessoa en aura bientôt une connaissance concrète. Après son retour de Durban, il habitera un temps dans le même appartement que sa grand-mère paternelle, Dionísia de Seabra Pessoa, place São Carlos, à Lisbonne. Atteinte de violentes crises

* *Sur un manuscrit non daté attribué à Charles Robert Anon :* « Le génie est une maladie, une glorieuse mais bien grande maladie », *in Teresa Rita Lopes,* Pessoa Inédito, *op. cit.*

de démence, elle est internée à plusieurs reprises. La maladie de cette aïeule ne manquera pas d'alimenter les craintes de Pessoa (« un fou lucide », selon Eduardo Lourenço), sur sa propre évolution psychique. Une hantise qu'il partage avec Alexander Search (ou qu'il lui aurait déléguée ?) : « Une de mes complications mentales – horrible au-delà de toute expression –, c'est ma terreur de la folie, qui est déjà par elle-même la folie. Je me trouve en partie dans l'état que Rollinat décrit (me semble-t-il) dans le poème ouvrant son recueil *Névroses*. Des impulsions tantôt criminelles, tantôt démentes (...) sont fréquentes chez moi (...). L'horreur que j'en éprouve est indescriptible*. »

« La véritable formule du génie »

En 1907, Pessoa abandonne le cours supérieur de lettres et fait preuve d'un intérêt croissant pour la psychopathologie, la notion de dégénérescence, les rapports qu'entretiennent le génie et la folie, et tout ce qu'il désigne par le terme de « *microsophy* ». Un document manuscrit comporte une liste de ces « microsciences » pour lesquelles

* *Fernando Pessoa,* Un singulier regard, *Christian Bourgois éditeur, coll. « Titres », 2007.*

il se passionne : phrénologie, physiognomonie, graphologie, chirologie… Cet attrait est manifeste à la fois dans la liste impressionnante des ouvrages spécialisés qu'il entreprend de lire (en autodidacte boulimique) et dans la profusion d'écrits de diverse nature qui se rattachent à ces thématiques. Si ces lectures lui sont utiles à titre personnel, afin d'être mieux outillé pour appréhender son profil psychologique, elles alimentent également son activité d'écrivain, aussi bien sur un versant théorique et critique que sur un versant poétique et fictionnel.

La façon dont Pessoa interprète la nature morbide du génie est largement influencée par les travaux de deux auteurs : l'aliéniste Charles Féré (secrétaire particulier de Charcot, auteur d'ouvrages sur l'hypnose et la psychologie expérimentale) et Joseph Grasset (médecin interniste, auteur d'ouvrages sur les pathologies du système nerveux).

Autre référence importante : *Dégénérescence*, de Max Nordau. Les notes de lecture se référant à cet ouvrage font apparaître en marge le nom d'Alexander Search. Comme si celui-ci en était le véritable lecteur et qu'il lui revenait de faire usage de cette découverte.

Pessoa consulte aussi un *Dictionnaire encyclopédique des sciences médicales* et multiplie les prises de notes. C'est le cas par exemple lorsqu'il étudie la notion de « folie du doute avec délire du toucher ». Il relève les deux principaux symptômes de cette pathologie, qu'Esquirol désigne sous le nom de « monomanie raisonnante », à savoir : « l'interrogation mentale produite par le doute et la crainte du contact des objets extérieurs. » Ce qui conduit Pessoa à énoncer lui-même cette proposition : « Le génie est une transformation, une forme de la folie du doute. » Parmi les objets sur lesquels peut se polariser l'esprit des personnes frappées par cette névrose, il retient, entre autres, « les espagnolettes de fenêtres », un détail auquel on songera en lisant *La Porte*, dont la rédaction est contemporaine de ces lectures (il y travaille entre mars 1906 et octobre 1907). La relation entre génie et folie du doute alimente également plusieurs textes de réflexion qui proposent des tentatives de définition, des rapprochements, des exemples. Ainsi, Schopenhauer, Carlyle, Maine de Biran, Amiel sont à l'évidence, pour Pessoa, des génies souffrant de la « manie du doute ».

Son *Reading Diary* indique par ailleurs qu'il commence à lire *L'Homme de génie*, de Cesare Lombroso (criminologue italien, professeur de médecine légale, dont il connaît déjà *L'Homme criminel*), le 10 juillet 1907. Ironiquement, le 14 juillet, il lit *Madame Bovary* (rappelons que

Baudelaire a voulu voir en Emma la figure d'un « poète hystérique »).

Au gré de ses lectures, il consigne (très souvent en anglais) nombre d'intuitions théoriques et le volume considérable de notes qu'il amasse permet d'identifier ce qui s'apparente à une ébauche de théorie sur la nature du génie, le plus souvent en liaison avec la folie. Une réflexion parmi d'autres : le génie, écrit-il, est « une expansion de l'anormalité (...). La folie, la démence constituent le fondement sur lequel est bâti son édifice ». Hypothèse confirmée quelques mois plus tard dans des notes prises pendant la lecture d'un ouvrage de John Nisbet, *The Insanity of Genius* : « L'homme de génie est un produit anormal, morbide », puisque, par nature, son originalité fait qu'il s'écarte des conventions et de la norme. Mais la déviance névrotique ou psychotique, chez le génie, ne porte pas préjudice à ses facultés supérieures; au contraire, elle les stimule. Quelques années plus tard, dans un long texte précisément intitulé « Génie et folie », il creusera cette même idée : c'est lorsque « à des qualités psychiques supérieures (quantitativement supérieures à la normale) » viennent s'ajouter des causes de déviance (névroses ou psychoses) que l'on obtient « la véritable formule du génie ».

Enquête sur un « neurasthénique vésanique »

Toujours en 1907, pour compléter l'analyse qu'il fait de lui-même, et sans doute aussi par goût de la supercherie – n'a-t-il pas confessé une « tendance innée à la mystification, au mensonge artistique » ? –, Pessoa va jusqu'à adresser une lettre à son ancien condisciple de Durban, Clifford Geerdts, celui-là même qui avait obtenu à son détriment la bourse pour Oxford, et une autre à l'un de ses professeurs de la Durban High School, M. Belcher, en se faisant passer pour un certain Faustino Antunes, qui se présente à ses correspondants comme le médecin chargé de suivre Fernando Pessoa, atteint d'une « maladie mentale » (un brouillon annonce même son suicide). Il les prie de bien vouloir se prononcer sur la personnalité de celui qu'ils furent amenés à côtoyer, pour l'aider dans son suivi. Les réponses de l'un et de l'autre ont été retrouvées parmi les papiers laissés par le poète (près de 30 000 documents au total). Belcher évoque l'article sur Macaulay, qu'il a toujours considéré comme « d'une valeur exceptionnelle », et ajoute : « Ses compositions en anglais étaient, en général, excellentes et frisaient parfois le génie. (...) Je l'ai toujours tenu pour un garçon d'une originalité exceptionnelle qui, convenablement orienté, avait devant lui un avenir prometteur, voire brillant. » Geerdts, qui déclarera plus tard avoir subodoré la manœuvre, reste prudent mais signale lui aussi « une intelligence brillante », « un style superbe » en anglais, tout en mentionnant la débilité physique, l'absence de toute implication dans les activités sportives et le relatif isolement de son camarade.

En liaison avec ces documents, un fragment, rédigé en français, de la main de Pessoa, se présente comme un rapport médical dans lequel le médecin exprime son souhait de retracer « l'histoire de la maladie de P. », depuis la petite enfance. Le patient « est (sans aucun doute) un neurasthénique vésanique. La neurasthénie vulgaire, ou les influences qui la produisent, tombant sur un fonds de dégénérescence a, pour ainsi dire, bouleversé une organization mentale characteristiquement hysteriforme, pour ne pas dire hystérique ». À sept ans, poursuit le rapport, « P. montre déjà ce caractère réservé, non-infantile – une pondération (non la pondération du bon sens tout à fait bourgeois, mais la pondération melancolique et intellectuelle), une seriosité, qui étonnent. Il s'isole déjà ; il aime à jouer seul, à lire, à écrire (il l'a appris lui-même). C'est un solitaire – on le voit bien. Et à tout cela il faut joindre beaucoup de rage impulsive et presque haineuse (sans provocation pas toujours proportionelle) et beaucoup de peur. On peut résumer le caractère : précocité intellectuelle, imagination prématurément intense, méchanceté, peur, besoin d'isolement. C'est un *neuropathe* en miniature. »

Certes, il entre sans doute une part de jeu et d'ironie dans cette exploration de sa personnalité et de sa psychologie supposées. Cependant, la constance et le sérieux (ses lectures scientifiques sont là pour en témoigner) avec lesquels il mène cette (en)quête montrent qu'il ne s'agit pas d'une toquade mais bien d'une obsession, qui s'accompagne à l'occasion d'authentiques crises psychiques. Ainsi, dans son journal, en date du 25 juillet 1907, il évoque le « vertige moral » dont il souffre : « Dans le vertige physique, on sent tournoyer le monde extérieur autour de soi ; dans le vertige moral, c'est le monde intérieur qu'on sent tournoyer. Il m'a semblé perdre, pour quelques instants, le sens des relations véritables entre les choses, perdre la compréhension, tomber dans un abîme de somnolence mentale. C'est une sensation effrayante qui vous frappe d'une peur démesurée. Ces sensations me deviennent familières, et semblent frayer la voie à un nouvel état mental, qui sera, évidemment, la folie*. »

* *Fernando Pessoa,* Un singulier regard, *op. cit.*

Un autre fragment fait immédiatement écho à *La Porte* : « Je ne peux m'empêcher de parler de la peur qui me tenaillait sans cesse. Ainsi, tout ce qui était mystérieux, tout en nourrissant ma passion pour l'analyse et le mystère, me faisait tressaillir et trembler de peur. Un simple mot écrit sur le mur de ma chambre, et que je n'avais pas encore remarqué, me faisait sortir de la pièce en courant*. »

Charles Robert Anon* id est *Alexander Search

En lisant ces écrits de Pessoa qui révèlent dans quels abîmes d'angoisse et de doute il se trouve continûment plongé, il est toujours difficile de faire la part des choses entre ce qui est de l'ordre de la création littéraire, de la fiction, et ce qui relève réellement de la production autobiographique, de la confession ou de l'autognose. La confusion est entretenue par Pessoa lui-même qui attribue déjà la paternité de nombre de ses écrits, y compris lorsqu'ils prennent la forme d'un journal intime ou d'une autoanalyse, à ces proto-hétéronymes que sont Charles Robert Anon, son alter ego putatif Alexander Search et quelques autres. Ce qui

* *Fernando Pessoa,* Un singulier regard, *op. cit.*

constitue aux yeux d'Antonio Tabucchi « le plus fantastique registre d'état civil que nous ait offert la littérature du XXe siècle » est loin d'être achevé, mais la liste s'allonge sérieusement. D'autant que les doubles de Pessoa peuvent eux-mêmes se multiplier : c'est ainsi que l'on voit Alexander Search évoquer des « projets de Jean Seul », ce qui fait de ce dernier une sorte d'hétéronyme au carré (Jean Seul de Méluret est un poète et essayiste français, à qui l'on doit notamment une réflexion sur l'exhibitionnisme).

Charles Robert Anon apparaît avant Search mais entretient avec celui-ci un rapport de grande proximité, au point que l'on trouve cette mention manuscrite au bas de certaines compositions : « C. R. Anon *id est* Alexander Search. » Il énonce parfois des préoccupations qui anticipent celles de Search. Ainsi, en 1906, constatant un fossé grandissant entre lui et les hommes, tout particulièrement entre lui et sa famille, il note ceci : « J'étais un génie, je pris conscience de cette vérité, et compris aussi cette autre, qu'étant un génie j'étais un fou. »

On doit également à Anon une fracassante déclaration d'excommunication, dadaïste avant l'heure :

« Moi, Charles Robert Anon, *être*, animal, mammal, tétrapode, primate, placental, simiesque, catarrhinien, homme [...]; âgé de dix-huit ans, célibataire (sauf à mes moments de folie), mégalomaniaque, avec quelques soupçons de dipsomanie, dégénéré supérieur, poète, avec des prétentions à l'humour écrit, citoyen du monde, philosophe idéaliste, etc. etc. (pour épargner au lecteur des efforts supplémentaires).
Au nom de la VÉRITÉ, de la SCIENCE et de la PHILOSOPHIE, non pas avec cloche, livre et cierge, mais avec plume, encre et papier,
Je proclame sentence d'excommunication de tous les prêtres et tous les sectateurs de toutes les religions du monde.
Excommunicabo vos.
Soyez damnés, tous autant que vous êtes.
Ainsi soit-il.
Raison, Vérité, Vertu selon C. R. A.* »

Quant à Alexander Search, sa présence est très affirmée en 1907. C'est une personnalité qui a acquis de l'épaisseur et considérablement enrichi son œuvre poétique. Ses initiales figurent en tête de nombreux livres de la bibliothèque personnelle de Pessoa, qui a même fait imprimer des cartes de visite à son nom. Il lui a du reste attribué une date et un lieu de naissance qui sont également les siens.

Le 19 juin 1907, Search signe un poème intitulé « Mania of Doubt », sur lequel figure la

* *Fernando Pessoa,* Œuvres poétiques, *Gallimard, « Bibliothèque de la Pléiade », 2001, p. 1992.*

mention « Documents of Mental Decadence », titre sous lequel seront regroupés a posteriori des poèmes produits entre 1905 et 1909. D'autres manuscrits portent l'indication « Delirium », « Mens Insana », « Agony », « Nonsense ». Les titres sont éloquents. Le désarroi, la révolte, la très intranquille quête de sens (Search n'est pas un patronyme choisi au hasard), la conscience d'une différence irréductible entraînant la solitude, la conscience d'une haute intelligence qui fait son malheur, la folie qui guette, fascine et effraie : Alexander Search est un masque sombre et inquiet et ses poèmes l'attestent. Celui-ci, par exemple, daté du 16 octobre 1907 :

> Je n'ai jamais senti si fort mon exclusion loin de l'humanité.
> Ici les bien portants, là les boiteux, les invalides, les aveugles ;
> Ici les sains, les bons, les forts, ceux qui sont de la vie la perfection,
> Là les esclaves asservis au génie, à la folie et au crime.
> Édifiez des prisons, des hôpitaux, des Asiles. Ici les heureux,
> Là les souffreteux, les idiots, les malades, les infirmes, les fous.
> Je n'ai pas d'autres fois senti si fort le gouffre entre moi et les hommes.

Est-ce idiotie, démence ou crime, ou génie – ou quoi donc, cette peine* ?

Edgar Allan Poe, « le plus grand de tous les Nord-Américains »

Étant donné les idées fixes et les tourments d'Alexander Search, ses penchants fin de siècle et vaguement lucifériens, il semble naturel que Pessoa lui ait attribué la paternité d'*Un dîner très original*, à la tonalité décadente. De même qu'il semble naturel qu'il ait manifesté un intérêt précoce et durable pour l'œuvre d'Edgar Allan Poe. Lorsque, à l'âge de quinze ans, Pessoa se voit décerner le *Queen Victoria Memorial Prize*, il emploie le montant de sa récompense à l'achat de plusieurs ouvrages de Samuel Johnson, John Keats, Alfred Tennyson, Ben Johnson et *The Choice Works of Edgar Allan Poe: poems, stories, essays*. Grâce à cette anthologie, Pessoa peut approfondir sa connaissance de l'œuvre et de la vie de celui que Baudelaire saluait comme « l'homme aux facultés suraiguës ». En dépit des réserves que sa production peut lui inspirer et qu'il mentionne à l'occasion, il le lira assidûment et le traduira. En 1924-1925, il publie ainsi les versions

* *Fernando Pessoa,* Œuvres poétiques, *op. cit., p. 1393.*

portugaises de *The Raven*, *Annabel Lee* et *Ulalume* dans la revue *Athena* (en prenant bien soin de préciser qu'elles sont « rythmiquement conformes à l'original »). Il laissera dans ses papiers plusieurs textes consacrés à Poe, rédigés en anglais ou en portugais. Dans une notule à visée didactique publiée en accompagnement d'un choix de nouvelles, dans les années 1920, il écrit au sujet de Poe : « Ce qu'il y a de plus remarquable dans sa personnalité complexe, c'est la juxtaposition – plutôt que la fusion – d'une imagination voisine de la folie et d'un raisonnement froid et lucide. Dans l'imagination visionnaire de l'étrange, il n'a encore été surpassé par personne, sauf peut-être par Sá-Carneiro, dont l'intuition du mystère était, sans doute pour une raison de race, plus complète. Dans la description hallucinée d'états morbides – comme dans l'effroyable fétichisme de sa Bérénice –, il n'a guère été égalé, si même il l'a été* . » Il loue l'acuité de son raisonnement, qui est « l'expression formelle du talent », et met en relief le rôle pionnier joué par Poe en matière de littérature policière et d'anticipation. Poe, « le plus grand de tous les Nord-Américains », ainsi que Pessoa le déclare dans *The Stolen Document*, une ébauche de nouvelle dont l'idée lui vient en

* *Fernando Pessoa,* Œuvres complètes, *vol. 1, La Différence, 1988.*

1906 : il note dans son journal qu'elle consisterait en une « correction de *The Purloined Letter* de Poe, à écrire comme le récit supposément authentique de l'affaire de la lettre volée ». Parmi les notes éparses portant la mention « Edgar A. Poe », on trouve également cette réflexion, rédigée en anglais : « Poe a du monde une vision comparable à celle d'un homme aux sens perturbés, flottants. Le monde est pour lui comme l'espace pour le mangeur d'opium. Pour l'opiomane, l'espace est élargi, agrandi au-delà de toute limite (…). Il y a une sensation d'excès dans l'extase. Et une douleur (citer Baudelaire). Ainsi, aux yeux de ce fou de Poe, le monde est dilaté, horrible. Sa vie est celle d'un rêveur*. »

Edgar Poe intéresse donc Pessoa en tant que créateur, mais aussi comme cas psychologique digne d'être étudié, le tenant ici pour un « dipsomane », ailleurs pour un « hystéro-épileptique » … C'est probablement en 1907 que Pessoa lit l'ouvrage d'Émile Lauvrière, *Edgar Poe, sa vie et son œuvre. Étude de psychologie pathologique*, dont il recopie cette phrase : « L'originalité poétique de Poe, c'est son mal. Pathologie et poésie sont chez lui inséparables. » Du reste, son maître américain est convoqué dans nombre de ses réflexions

* *Cité par George Monteiro dans « Poe/Pessoa », in* Comparative Literature, *vol. 40, n° 2, University of Oregon, 1988, pp. 134-149.*

sur la typologie des génies et sur les rapports génie/folie. À titre d'exemple, ces quelques mots griffonnés au dos d'une enveloppe* : « Intuition, folie et génie. Dans le cas d'Edgar Poe – on voit bien chez lui l'âme devenir folle, luttant face à l'impossibilité de socialiser l'occulte. »

De la perversité comme **primum mobile**

Évoquant ses débuts d'écrivain, Pessoa reconnaîtra volontiers le rôle de première importance joué par Edgar Allan Poe, en particulier le nouvelliste. La lecture des deux textes que nous donnons ici montre de toute évidence qu'il ne pouvait moins faire, tant ils sont écrits sous influence.

Dans l'un comme dans l'autre, Pessoa fait explicitement allusion à Poe lorsqu'il se réfère à la notion de perversité. Une définition en est donnée, par l'entremise du narrateur, dans *Le Chat noir* (ici dans la traduction de Baudelaire) : « Aussi sûr que mon âme existe, je crois que la perversité est une des primitives impulsions du cœur humain – une des indivisibles premières facultés, ou sentiments, qui donne la direction au caractère de l'homme. » Poe la complète dans *Le Démon de la perversité*,

* *Ironiquement, il s'agit d'un pli adressé à Pessoa en 1910 par la firme pharmaceutique Resinol depuis Baltimore, ville où Poe finira ses jours.*

en évoquant un *primum mobile*, un sentiment « radical, irréductible ». Selon lui, il nous faut admettre « comme principe primitif et inné de l'action humaine un je-ne-sais-quoi paradoxal, que nous nommerons perversité », une inclination qui nous porte précisément à agir « par la raison que nous ne le devrions pas ».

Par ailleurs, *Un dîner très original* présente plus d'un point commun, aux plans dramaturgique et thématique, avec *C'est toi l'homme*, que Poe publie en 1844. Dans les deux cas, on a affaire à une sordide histoire de vengeance patiemment ourdie, avec un criminel aux antécédents mal connus, mais dont nul ne pouvait imaginer qu'il pût aller si loin dans l'horreur ; à une énigme qu'il s'agit de déchiffrer en écartant les fausses pistes à mesure que le récit progresse ; à un spectaculaire et effroyable dénouement à l'occasion d'un banquet où le vin coule à flots, avec présentation de chair humaine au beau milieu de la table. À cette nuance près que Pessoa ajoute à sa nouvelle une dépravation supplémentaire : l'anthropophagie (un thème abordé avant lui par la comète noire de la littérature portugaise du XIXe siècle, Álvaro do Carvalhal, mort à vingt-quatre ans après avoir signé une poignée de contes fantastiques, dont *Les Cannibales*). On relèvera en passant que de telles ambiances équivoques avaient déjà été dépeintes par Alexander Search dans « L'anormal et l'étrange », un poème légèrement antérieur à la nouvelle (1906) : « L'anormal et l'étrange / Ont un parfum bien à eux (...) Ils ont l'odeur d'une paix troublée, / Des salles renversées de joie / (...) L'anormal et l'étrange / Ont un parfum bien à eux / Celui de la chair humaine (...). »

Quant à *La Porte*, il est plus que tentant de faire le rapprochement avec *Bérénice*, dont la première publication date de 1835. Dans la nouvelle de Pessoa comme dans celle de Poe, le narrateur grandit dans un château, avant de voir sa vie brisée par un mal pernicieux qui ronge son esprit et anéantit son bonheur conjugal. Dans *Bérénice*, Egæus souffre d'une « monomanie d'une forme nouvelle et extraordinaire », d'une « irritabilité morbide » de ses facultés mentales car son attention se porte avec une intensité pathologique sur les « objets les plus vulgaires du monde ». Dans *La Porte*, le narrateur, de la même manière, est en proie à un désir impulsif incontrôlable, à une « attraction plus qu'horrible » suscitée par un objet parfaitement anodin, en l'occurrence : une porte. Du reste, quand Pessoa étudie le concept de manie (ou de folie) du doute, il ne manque pas de faire le rapprochement avec la fixation d'Egæus sur les « objets frivoles » et indique ainsi dans une note (suivie des initiales « AS » pour

Alexander Search) : « Manie du doute. Qu'est-ce que c'est ? "Une intensité hallucinatoire de la perception intellectuelle." *Cf.* Poe : *Bérénice*. »

Au-delà des aspects littéraires, on se souviendra que les deux écrivains ont éprouvé un attachement tout particulier à la figure de la mère. Quand la sienne disparaît en 1925, Pessoa en est très profondément affecté. Enfin, tous deux auront eu à souffrir sous les coups de bec du même oiseau noir : l'alcool.

Œuvres de jeunesse (Pessoa n'a pas encore vingt ans lorsqu'il les rédige), *Un dîner très original* et *La Porte* apparaissent donc comme des jalons dignes d'être signalés dans l'itinéraire labyrinthique que leur auteur, guidé par son « grand amour pour le spirituel, le mystérieux, l'obscur », commence à emprunter, car elles témoignent de la convergence et de la cohérence de ses recherches d'alors, aux plans thématique, esthétique et linguistique. Ces deux textes sont comme les exercices pratiques d'un créateur encore en période d'apprentissage, marqué par ses années sud-africaines et déjà nourri d'un abondant corpus littéraire, philosophique et scientifique. Pessoa fait siens ces apports de nature variée qui entrent en résonance avec sa sensibilité et ses tourments propres, avant de les exploiter sous la forme de réflexions, d'écrits introspectifs, de poèmes ou, comme ici, de nouvelles : en écrivant « à la manière de » dans *Un dîner très original*, en associant considérations théoriques et illustration fictionnelle dans *La Porte*.

Dominique Nédellec

Bibliographie

En portugais :

- Sur le thème du génie et de la folie chez Pessoa, nous devons tout à Jerónimo Pizarro dont nous avons utilisé avec plaisir et profit le monumental et incontournable travail : son essai, *Fernando Pessoa: entre génio e loucura* (Imprensa Nacional-Casa da Moeda, Lisbonne, 2007) et les deux volumes de l'édition des écrits de Pessoa sur le sujet : *Escritos sobre génio e loucura* (Imprensa Nacional-Casa da Moeda, Lisbonne, 2006).

- Sur la période sud-africaine :

JENNINGS, Hubert Dudley, *Os dois exílios: Fernando Pessoa na África do Sul*, Fundação Eng. António de Almeida - Centro de Estudos Pessoanos, Porto, 1984.

SEVERINO, Alexandrino E., *Fernando Pessoa na África do Sul: A formação inglesa de Fernando Pessoa*, Publicações Dom Quixote, Lisbonne, 1983.

- Sur *A Very Original Dinner* :

MACHADO DE SOUSA, Maria Leonor, *Fernando Pessoa e a literatura de ficção*, Novaera, Lisbonne, 1978.

Sampaio, Maria de Lurdes, « A ficção de Fernando Pessoa: estudo de um caso original », Revista da Faculdade de Letras « Línguas e literaturas », XI, Porto, 1994, pp. 247-269.

En français :

Bréchon, Robert, *Étrange étranger. Une biographie de Fernando Pessoa*, Christian Bourgois éditeur, 1996.
Lourenço, Eduardo, *Fernando Pessoa, roi de notre Bavière*, éditions Chandeigne, 1997. Traduit par Annie de Faria.
Pessoa, Fernando, *Œuvres complètes*, vol. 1, La Différence, 1988. Textes traduits par Simone Biberfeld, Dominique Touati, Joaquim Vital.
Pessoa, Fernando, *Œuvres poétiques*, Gallimard, « Bibliothèque de la Pléiade », 2001. Édition établie et annotée par Patrick Quillier.
Pessoa, Fernando, *Un singulier regard*, Christian Bourgois éditeur, coll. « Titres », 2007. Textes traduits, préfacés et annotés par Françoise Laye.
Tabucchi, Antonio, *Une malle pleine de gens*, Christian Bourgois éditeur, 1992. Traduit par Jean-Baptiste Para.

FERNANDO PESSOA
(Alexander Search)

UN DÎNER TRÈS ORIGINAL

Nota

Pour la traduction de *A Very Original Dinner*, nous avons utilisé le fac-similé publié dans l'ouvrage de Maria Leonor Machado de Sousa, *Fernando Pessoa e a literatura de ficção* (Novaera, Lisbonne, 1978), ainsi que la transcription du manuscrit original réalisée par Jerónimo Pizarro.

Dis-moi ce que tu manges
et je te dirai ce que tu es.

QUELQU'UN

I

C'est au cours de la quinzième session annuelle de la Société gastronomique de Berlin que le président, Herr Prosit, fit à ses membres la fameuse invitation. Cette session consistait bien évidemment en un banquet. Au moment du dessert, une grande discussion s'était engagée au sujet de l'originalité dans l'art de cuisiner. Tous les arts étaient en crise. L'originalité était sur le déclin. Et la gastronomie n'échappait ni au déclin ni à l'indigence. Toutes les productions culinaires que l'on qualifiait d'« inédites » n'étaient rien d'autres que des variations sur des plats que l'on connaissait déjà. Une nouvelle sauce, une manière légèrement différente d'épicer ou d'assaisonner – voilà en quoi la toute dernière façon d'accommoder un mets se distinguait de la précédente. Pas d'authentiques nouveautés, rien que de menues innovations. Toutes choses qui furent déplorées d'une seule voix lors du banquet, avec seulement des modulations dans les intonations comme dans le degré de véhémence.

Alors que la chaleur et la conviction des participants attisaient la discussion, se trouvait parmi nous un homme qui, certes, n'était pas le seul à être resté silencieux, mais dont il était particulièrement remarquable qu'il ne se fût pas encore exprimé. Car, s'il y avait quelqu'un dont on pouvait s'attendre à ce qu'il intervînt, c'était bien lui. Cet homme, évidemment, c'était Herr Prosit, qui présidait aux destinées de la Société et au déroulement de cette réunion. Prosit était le seul à se tenir à ce point à l'écart de la discussion. Non qu'il fût distrait, cependant il se tenait coi. L'autorité de sa voix faisait défaut. Il demeurait absorbé par ses pensées, muet, sérieux, lui, Prosit, Wilhelm Prosit, président de la Société gastronomique.

Ce silence de Herr Prosit était, pour la plupart d'entre nous, chose étrange. Il faisait songer – s'il m'est permis de faire une telle comparaison – à une tempête. Rester muet ne lui ressemblait pas. Afficher une telle impassibilité n'était pas dans sa nature. Et comme pour une tempête – pour filer la métaphore –, s'il lui arrivait jamais d'être silencieux, il ne fallait voir là qu'un répit préludant à la plus violente des explosions. Telle était l'opinion que l'on avait de lui.

Le président était un individu remarquable à plus d'un titre. C'était un homme jovial et sociable, mais il l'était avec une vivacité anormale et une attitude tapageuse qui semblaient traduire en permanence des dispositions aberrantes. Sa sociabilité semblait pathologique ; ses saillies et ses plaisanteries, sans jamais avoir l'air d'être forcées, semblaient lui être imposées de l'intérieur par quelque faculté de l'esprit qui n'était pas celle de l'humour. Ses bons mots sonnaient faussement justes, son exaltation semblait naturellement feinte.

En compagnie de ses amis – et il en avait de nombreux –, il était porté par une alacrité que rien ne paraissait pouvoir entraver, toujours enjoué, toujours à rire. Il faut pourtant noter que l'expression normale du visage de cet homme étrange ne laissait transparaître aucune espèce d'allégresse ou d'enjouement. Lorsqu'il cessait de rire, lorsqu'il oubliait de sourire, ses traits semblaient trahir, par contraste, un sérieux anormal, quelque chose s'apparentant à de la douleur.

Cela s'expliquait-il par une personnalité foncièrement malheureuse, par les affres de sa vie passée ou par quelque autre mal affectant son esprit ? Personnellement, je serais bien en peine de trancher. Par ailleurs, cette contradiction dans son caractère, ou du moins dans les manifestations de celui-ci, n'était perçue que par un observateur attentif. Les autres ne la remarquaient pas et, au reste, n'avaient aucune raison de la remarquer.

Si, au cours d'une nuit, les orages se succèdent, encore qu'à intervalles, un témoin considérera que la nuit tout entière aura été une nuit d'orage, en omettant les moments d'apaisement entre les coups de tonnerre ; il se prononcera ainsi d'après la caractéristique qui l'aura le plus frappé. De la même manière, obéissant en cela à une inclination très humaine, les gens avaient pour habitude de tenir Prosit pour un homme jovial car, ce qui frappait le plus chez lui, c'était cette allégresse tapageuse, cette gaieté tumultueuse. Dans l'orage, le témoin omet le profond silence des périodes d'accalmie. Chez cet homme, les fous rires faisaient qu'on omettait aisément le triste silence, la morosité pesante des accalmies de sa nature sociale.

Le visage du président, je le répète, renfermait et trahissait également cette contradiction. Cette face rieuse était figée. Son perpétuel sourire ressemblait à cette grimace grotesque que font ceux qui ont le soleil en pleine figure ; la contraction des muscles, naturelle *chez ceux-ci*, en raison de la puissance de la lumière, traduisait en permanence, *chez celui-là*, l'expression la moins naturelle qui fût et la plus grotesque.

On rapportait souvent (parmi ceux qui le savaient ainsi) qu'il s'était réfugié dans cette vie de bonne chère afin de se soustraire à une sorte d'affection nerveuse héréditaire, voire de morbidité, car il se trouvait être le fils d'un épileptique et comptait dans son ascendance, outre une pléthore d'énergumènes des plus extravagants, plusieurs individus indubitablement névrosés. Il n'était donc pas impossible qu'il eût lui-même à souffrir de ses nerfs. Je ne puis toutefois l'affirmer avec certitude.

En revanche, ce dont j'ai l'assurance absolue, c'est que Prosit avait été introduit dans la société dont je parle par un jeune officier, au nombre de mes amis également, un joyeux drille qui, un jour, était tombé sur lui et avait été enchanté par quelques-unes de ses facéties.

La société dans laquelle Prosit évoluait était, à la vérité, l'une de ces congrégations interlopes et semi-clandestines, moins rares qu'on ne le croit, qui rassemblent des individus des classes supérieures et inférieures en opérant une curieuse synthèse, exactement de la même nature qu'une transformation chimique, du fait qu'elles gagnent souvent un caractère nouveau qui leur est propre et diffère de celui des éléments qui les composent. C'était une société dont les *arts* – *arts* est bien le terme qui convient – consistaient à manger, boire et faire l'amour. C'était *artistique*, cela n'est point douteux. C'était vulgaire, cela l'est moins encore. Et ces choses-là s'assemblaient sans dysharmonie.

De ce groupe de gens socialement inutiles, humainement négligeables, Prosit était le leader, car de tous le plus vulgaire. Il m'est impossible, évidemment, de cerner les ressorts psychologiques, simples quoique intriqués, de cette affaire. Il m'est impossible d'expliquer ici la raison pour laquelle le leader d'une telle société fut choisi dans sa frange la plus vile. Dans la littérature, beaucoup de subtilité, beaucoup d'intuition furent mobilisées pour analyser des cas de cette espèce, qui relèvent manifestement de la pathologie. Poe donna aux sentiments complexes qui les inspirent, considérant qu'ils ne faisaient qu'un, le nom générique de *perversité*. Mais je ne fais ici que rapporter un cas, rien de plus. L'élément féminin de cette société provenait, comme on a coutume de dire, du bas de l'échelle sociale, l'élément masculin du haut. Mon ami Prosit était la clé de voûte de cette construction, le liant de cet amalgame, ou plutôt l'agent catalyseur de cette réaction chimique. Les points de ralliement, les lieux de rendez-vous où la société avait coutume de se réunir étaient de deux sortes : soit un restaurant, soit le respectable hôtel X, selon que la fête était une bacchanale où la pensée n'avait pas sa place ou une session chaste, masculine, artistique, de la Société gastronomique de Berlin. Pour ce qui est du premier type de réunion, impossible d'en donner la moindre idée, d'y faire la moindre allusion sans frôler l'indécence. Car Prosit n'était pas normalement vulgaire, il l'était anormalement; par son influence, il rabaissait encore le but vers lequel tendaient les plus bas désirs de ses amis. Quant à la Société gastronomique, voilà qui était mieux; elle représentait le côté spirituel des aspirations matérielles de ce groupe.

Je viens de dire que Prosit était vulgaire. C'est exact, il l'était. Son exubérance était vulgaire, son humour se manifestait vulgairement. Je donne ces informations avec précaution. Je n'écris ni pour louer ni pour calomnier. Je m'attache seulement à dépeindre aussi correctement que possible un tempérament. Pour autant que me le permettent les représentations de mon esprit, je veux emprunter ici la voie de la vérité.

Mais Prosit était vulgaire, cela ne fait aucun doute. En effet, même dans le milieu qu'il était parfois obligé de fréquenter, étant au contact d'éléments des couches supérieures de la société, il ne se départait guère de sa brutalité innée. Il s'y abandonnait de manière à demi consciente. S'il arrivait que ses plaisanteries fussent offensantes ou désobligeantes, il était rare qu'elles ne fussent point grossières, encore que ceux qui étaient à même d'apprécier la « quintessence » de ses prestations pussent les juger assez amusantes, assez spirituelles et bien trouvées.

Le meilleur aspect de cette vulgarité était son impulsivité, dans la mesure où il y entrait de l'ardeur. Car le président mettait de la passion dans tout ce qu'il entreprenait, en particulier dans ses projets culinaires et ses liaisons amoureuses. Pour les premiers, il était un poète de la gustation, se montrant chaque jour plus inspiré ; pour ces dernières, la bassesse de son caractère savait toujours se révéler dans sa plus grande horreur. En tout état de cause, on ne pouvait douter de son ardeur, pas plus que de son allégresse impulsive. Il entraînait les autres par la violence de son énergie, suscitait leur ferveur, avivait leurs pulsions, mais sans en avoir conscience. Pour autant, son ardeur lui était comme intrinsèque, tournée vers lui-même, elle était une nécessité organique ; elle ne tendait aucunement à marquer sa relation au monde extérieur. Il est vrai qu'une telle ardeur ne se pouvait prolonger très longuement ; mais tant qu'elle durait, l'influence qu'elle exerçait en tant qu'exemple, même inconsciemment, était immense.

Toutefois, si le président était quelqu'un d'ardent, d'impulsif, de fondamentalement vulgaire et fruste, il convient de noter que jamais il ne se fâchait. Jamais. Nul ne serait parvenu à le mettre hors de lui. Au reste, il était toujours soucieux de faire plaisir, toujours soucieux d'éviter les querelles. Il semblait en permanence désireux que chacun fût en bons termes avec lui. Il était curieux d'observer de quelle manière il jugulait sa colère, comment il la savait contenir, avec une fermeté dont personne ne l'eût jugé capable, et ses amis les plus intimes, qui le savaient impulsif et passionné, moins que personne.

C'était principalement pour ces raisons, j'imagine, que Prosit avait réussi à s'attirer les faveurs des uns et des autres. Certes, il était vulgaire, brutal, impulsif, mais jamais il n'agissait brutalement sous le coup de la rage ou en se laissant emporter par son agressivité, jamais il ne perdait le contrôle de lui-même, y compris dans un accès de colère. Peut-être tout cela, que nous considérions inconsciemment, constituait-il effectivement les fondements de notre bienveillance à son égard. Qui plus est, il était toujours prêt à contenter tout un chacun, à se montrer agréable. Quant à la rudesse de ses manières, elle importait peu dans une assemblée d'hommes, car pour le reste le président était bon compagnon.

Il est donc évident que ce qui séduisait (pour ainsi dire) chez Prosit, c'était cela même : son impassibilité là où l'on eût pu craindre de l'emportement, son farouche désir de se rendre aimable, son exubérance grossière qui exerçait une fascination particulière, à quoi venait peut-être s'ajouter, en dernier lieu, l'intuition inconsciente de la dimension quelque peu énigmatique de sa personnalité.

En voilà assez ! Mon analyse du caractère de Prosit, peut-être trop détaillée, n'en reste pas moins imparfaite ; car je suppose qu'elle aura manqué ou insuffisamment révélé les éléments permettant une synthèse finale. Je me suis engagé dans une entreprise qui outrepasse mes compétences et ma compréhension ne saurait malheureusement égaler mon désir de clarté. C'est pourquoi je n'irai pas plus avant.

Une chose émerge, néanmoins, à la surface de tout ce que je viens de rapporter : la vision extérieure que l'on avait de la personnalité du président. Il est entendu que, à tous égards, dans toutes les circonstances imaginables, Herr Prosit était un homme jovial, un individu singulier, habituellement allègre, qui impressionnait par ses bonnes dispositions, un homme qui occupait une position éminente au sein de sa société et comptait de nombreux amis. Ses inclinations à la vulgarité, dans la mesure où elles façonnaient la nature de la société d'hommes dans laquelle il évoluait, autrement dit en tant qu'elles participaient de l'ambiance qui y régnait, avaient disparu à force d'évidence et gagné progressivement la sphère de l'inconscient : passant désormais inaperçues, elles avaient fini par devenir imperceptibles.

* * *

Le dîner touchait déjà à sa fin. La conversation s'amplifia, par le nombre de ceux qui y participaient et par la clameur qu'alimentaient leurs voix mêlées, discordantes, enchevêtrées. Prosit restait silencieux. L'orateur principal, le capitaine Greiwe, discourait avec lyrisme. Il insistait sur le manque d'imagination (telle était son expression) qui empêchait l'avènement d'une cuisine moderne. Il s'exalta. L'art gastronomique, fit-il observer, exige que l'on invente sans cesse de nouveaux plats. Son mode de compréhension était étroit, limité à l'art qu'il connaissait. Avec des arguments erronés, il laissa entendre que la nouveauté n'avait cette valeur prééminente que dans la gastronomie. Cela pouvait être une manière subtile de dire que la gastronomie était la seule science et le seul art qui vaillent.

« Art bénit, s'écria le capitaine, dont le conservatisme est une révolution perpétuelle ! Je pourrais en dire, continua-t-il, ce que Schopenhauer dit du monde : qu'il se préserve par sa propre destruction.

– Et vous, Prosit, lança un membre assis tout au bout de la table, ayant remarqué le silence du président. Pourquoi n'avez-vous pas encore donné votre avis ? Dites quelque chose, mon brave ! Êtes-vous distrait ? Êtes-vous mélancolique ? Malade ? »

Tous les regards se tournèrent vers le président. Celui-ci sourit à sa manière habituelle, malicieuse, mystérieuse, l'air à demi sérieux. C'est que *ce* sourire avait un sens ; il annonçait d'une certaine façon l'étrangeté des paroles que le président s'apprêtait à prononcer.

Il brisa le silence qui s'était installé dans l'attente de sa réponse.

« J'ai une proposition à vous faire, dit-il, une invitation. Écoutez-moi bien, je vous prie. Puis-je continuer ? »

À ces mots, le silence devint plus profond encore. Tous les yeux se rivèrent sur lui. Toutes les actions, tous les gestes se figèrent, car chacun voulait se montrer attentif.

« Messieurs, commença Herr Prosit, je me propose de vous inviter à un dîner. Et j'ose le prétendre, jamais nul d'entre vous n'a pris part à un dîner de cette sorte. Mais mon invitation se veut en même temps un défi. Je vais m'en expliquer. »

Il fit une courte pause. Personne ne bougea, excepté Prosit lui-même, qui finit un verre de vin.

« Messieurs, reprit-il avec une franche éloquence, le défi que je lance à chacun d'entre vous consiste en ceci : dans une dizaine de jours, je donnerai une nouvelle sorte de dîner, *un dîner très original.* Considérez-vous comme invités. »

De toutes parts, on murmura pour réclamer des explications, des questions fusèrent. Pourquoi une telle invitation ? Quelle était son intention ? Que proposait-il au juste ? Pourquoi s'exprimer de manière si sibylline ? En des termes clairs, en quoi consistait donc ce défi qu'il venait de lancer ?

« Ce sera chez moi, dit Prosit, sur la place.

– Bien.

– Vous n'allez pas transférer chez vous le lieu de rencontre de notre société ? s'enquit un membre.

– Non, ce n'est que pour cette occasion.

– Sera-ce réellement si original que cela, Prosit ? tint à demander un membre curieux.

– Très original. Une nouveauté absolue !

– Bravo !

– L'originalité du dîner, reprit le président, comme après réflexion, résidera non pas dans l'idée qu'on pourra s'en faire ou dans son apparence, mais dans sa signification, dans sa teneur même. Je mets au défi quiconque se trouve ici (et je pourrais dire quiconque où que ce soit, en l'occurrence) de dire, une fois le dîner achevé, en quoi consistait son originalité. Personne, je vous l'affirme, ne saura le deviner. Tel est mon défi. Peut-être pensiez-vous qu'il allait s'agir d'un banquet comme nul ne saurait en offrir. Mais non, la question n'est pas là. C'est comme je l'ai dit. Vous le verrez, ce sera bien plus original encore. Ce sera original à un point que vous ne pouvez pas même concevoir.

– Pouvons-nous savoir, demanda un membre, ce qui nous vaut cette invitation ?

– J'ai été incité à vous faire cette proposition, expliqua Prosit – un air sarcastique sur le visage et le regard déterminé –, par une discussion que j'ai eue avant le dîner. Certains de mes amis ici présents ont peut-être assisté à cette dispute. Ils peuvent informer ceux qui désirent en savoir plus. Mon invitation est lancée. L'acceptez-vous ?

– Évidemment ! Bien sûr ! », s'écria-t-on tout autour de la table.

Le président hocha la tête, sourit. Tout à l'amusement qu'une vision intérieure semblait provoquer, il replongea dans son silence.

Après que Herr Prosit eut lancé son étonnant défi sous forme d'invitation, les conversations dans lesquelles étaient engagés les convives par petits groupes se portèrent sur ses motivations réelles. D'aucuns étaient d'avis qu'il s'agissait de la dernière facétie de leur président ; d'autres que Prosit avait voulu apporter une nouvelle preuve de sa compétence culinaire, ce qui ne se justifiait guère si l'on considérait les choses rationnellement puisque, disaient-ils, personne ne l'avait remise en cause ; on comprenait cependant que cela pût flatter la vanité de quiconque d'être loué pour son art. D'autres encore étaient convaincus que l'on devait cette invitation à de jeunes gens de Francfort, avec qui le président entretenait des rapports de rivalité en matière gastronomique. On allait bientôt vérifier, comme le verront ceux qui lisent ces lignes, que l'objet du défi renvoyait bel et bien à cette troisième hypothèse – le but immédiat veux-je dire car, le président étant un être humain et, en l'occurrence, un être humain très original, son invitation recelait, au plan psychologique, les traces des trois types d'intentions qu'on avait pu lui prêter.

Nous ne crûmes pas immédiatement que la dispute (qu'il avait lui-même évoquée) pût être le motif véritable de l'invitation de Prosit, car ce défi était trop vague, trop mystérieux pour avoir l'air d'une réponse à une provocation, faire songer à une vengeance et à rien d'autre. Au bout du compte, néanmoins, nous ne pûmes faire autrement que de le croire.

La discussion que le président avait mentionnée l'avait opposé (d'après ceux qui étaient au courant) à cinq jeunes hommes de la ville de Francfort. Ces derniers n'avaient rien de particulier, si ce n'est qu'ils étaient de fins gastronomes ; il n'y avait guère qu'à ce titre-là, me semble-t-il, qu'ils pouvaient retenir l'attention. Un long débat les avait mis aux prises avec Prosit. L'affrontement avait porté, pour autant qu'on pût s'en souvenir, sur la supériorité supposée d'un plat que l'un d'eux avait inventé, ou d'un dîner qu'ils avaient donné, par rapport à telle autre performance gastronomique du président. C'est à ce sujet que la dispute avait éclaté et, à partir de ce point central, l'araignée de la discorde avait industrieusement tissé sa toile.

Dans la discussion, les jeunes gens avaient fait montre d'exaltation, Prosit de calme et de modération. Il avait pour habitude, ainsi que je l'ai indiqué, de ne jamais se laisser emporter. À cette occasion, néanmoins, il avait failli céder à la colère à cause de la vivacité des répliques de ses adversaires. Mais il avait finalement su rester maître de lui. On pensait donc, maintenant que l'affaire était connue, que le président projetait de faire quelque vilaine farce aux cinq jeunes hommes, suite à cette violente altercation, pour prendre une revanche bien à sa manière. Dans ces circonstances, les attentes eurent tôt fait de grandir ; il se murmura qu'il allait s'agir d'un tour pendable, on évoquait une vengeance d'une originalité saisissante. Étant donné l'affaire et le protagoniste, ces rumeurs n'avaient rien d'inattendu ; même mal assurées, elles reposaient sur un fond de vérité. Tôt ou tard, elles finissaient toutes par être rapportées à Prosit. Mais celui-ci, en les entendant, hochait la tête et, tout en semblant rendre justice à leur intention, déplorait leur trivialité. Tout le monde est dans l'erreur, déclarait-il. Et d'ajouter que, du reste, il était impossible que quelqu'un vît juste. Ce serait une surprise complète. Conjectures, supputations, hypothèses : tout cela était ridicule et vain.

Bien entendu, ce n'est que plus tard que ces rumeurs surgirent. Revenons-en au dîner au cours duquel l'invitation avait été lancée. Il venait tout juste de s'achever et nous nous dirigions vers le fumoir lorsque nous croisâmes cinq jeunes hommes, d'allure très distinguée, qui saluèrent Prosit avec une certaine froideur.

« Ah ! mes amis, lança le président à notre intention, voici cinq jeunes gens de Francfort qu'il m'a été donné de battre un jour lors d'un concours gastronomique...

– Je ne pense pas que vous nous ayez battus, voyez-vous, rétorqua l'un des jeunes hommes, dans un sourire.

– Bien, laissons ces choses-là comme elles sont, si vous le voulez bien, ou comme elles étaient. À vrai dire, mes amis, le défi que je viens de lancer devant la Société gastronomique – il nous désigna d'un ample mouvement de la main – est d'une tout autre portée et d'une nature ô combien plus artistique », expliqua-t-il aux cinq gentlemen. Ceux-ci l'écoutèrent en arborant un air aussi impudent que possible.

« Lorsque j'ai lancé ce défi, à l'instant, je pensais à vous, messieurs !

– Oh ! vous pensiez à nous, vraiment ? Et en quoi sommes-nous concernés ?

– Vous n'aurez guère à attendre pour le savoir ! Le dîner a lieu dans deux semaines, le dix-sept.

– Nous n'avons aucune envie d'en connaître la date. Ni nul besoin.

– Vous avez raison, concéda le président en riant, ce n'est pas nécessaire. Néanmoins, ajouta-t-il, vous serez présents à ce dîner.

– Pardon ?! », s'écria l'un des trois [*sic*] jeunes hommes. Un autre sourit jusqu'aux oreilles, tandis qu'un troisième écarquillait les yeux.

Le président se fendit à son tour d'un large sourire.

« Mais oui, et vous apporterez au bon déroulement de la soirée la contribution la plus matérielle qui soit. »

Les cinq gentlemen manifestèrent par leur expression qu'ils en doutaient fort et qu'ils n'étaient guère intéressés par la question.

« Revenez, revenez donc ! leur lança le président, alors qu'ils s'éloignaient. Sachez que lorsque je dis quelque chose, il s'agit de me prendre au sérieux, et je dis ici que vous serez présents à ce dîner et que vous contribuerez à ce qu'il soit apprécié. »

Le ton sur lequel il venait de s'adresser à eux laissait transparaître son sarcasme avec une telle évidence, une telle insistance, que les jeunes gens enragèrent et se précipitèrent dans l'escalier.

Le dernier d'entre eux se retourna :

« Nous serons là par la pensée, peut-être, lança-t-il, pour prendre acte de votre échec.

– Non, non; vous serez bel et bien là. Vous serez là en chair et en os, je puis vous le certifier, en chair et en os. Ne vous en faites pas, je m'occupe de tout. »

Un quart d'heure plus tard, la réunion étant arrivée à son terme, j'accompagnai Prosit dans l'escalier.

« Pensez-vous réellement pouvoir vous assurer de leur présence? lui demandai-je, tandis qu'il enfilait son pardessus.

– Certainement, dit-il, cela ne fait aucun doute. »

Prosit et moi sortîmes ensemble et nous séparâmes sur le seuil de l'hôtel.

II

Le jour arriva bientôt où Prosit dut honorer l'invitation qu'il avait lancée. Le dîner eut lieu chez lui, à six heures et demie du soir.

La maison, dont Prosit avait dit qu'elle donnait sur la place, n'était pas à proprement parler *sa* maison ; elle appartenait à un vieil ami à lui qui vivait hors de Berlin et la lui prêtait chaque fois que le président le désirait. Elle était toujours à sa disposition, même s'il était rare qu'il en eût besoin. Certains des premiers banquets de la Société gastronomique s'y étaient déroulés, jusqu'à ce que prévale la plus grande commodité qu'offrait l'hôtel, en raison de son confort, de son cadre et de son emplacement. À l'hôtel, on connaissait parfaitement Prosit ; les plats y étaient préparés conformément à ses instructions. Son inventivité et son talent pouvaient s'exprimer tout aussi librement que chez son ami, que ce soit avec ses propres cuisiniers ou ceux de membres de la société, ou encore avec des cuisiniers que l'on faisait venir de tel ou tel restaurant. Non seulement son talent y avait tout autant de latitude, mais la réalisation de ses projets y était également plus rapide et plus parfaite; on veillait à leur exécution avec plus de soin et de précision.

Quant à la maison dans laquelle Prosit vivait, personne ne la connaissait ni ne se souciait de la connaître. Pour certains banquets, il investissait celle dont je viens de parler. Pour ses liaisons amoureuses, il avait à sa disposition une petite suite, un club – peut-être même deux – et on le croisait souvent à l'hôtel.

Personne ne connaissait la maison de Prosit, disais-je. Chacun savait qu'au-delà des endroits que j'ai mentionnés, qu'il fréquentait régulièrement, il en possédait une. En revanche, personne n'avait la moindre idée de sa localisation. Nous ignorions tout autant avec qui il vivait. Qui l'accompagnait dans sa retraite? Voilà ce que Prosit ne nous avait jamais révélé. Du reste, avait-il seulement de la compagnie? Même sur ce point, il n'avait dit mot. Ce n'était que par de simples raisonnements que nous avions pu arriver à quelque conclusion. Prosit avait vécu, nous l'avions su – encore que je ne me souvienne plus par qui – dans les colonies – en Afrique, ou aux Indes, ou ailleurs encore –, et c'était sur la fortune qu'il y avait accumulée qu'il vivait désormais. Ainsi, on avait beau savoir déjà beaucoup de choses, il eût fallu être fort désœuvré pour s'atteler à la tâche de découvrir le reste.

Le lecteur est désormais suffisamment informé pour que je puisse me dispenser d'aller plus avant dans mes observations, que ce soit sur le président ou sur la maison elle-même. J'en viens donc à la scène du banquet.

La salle dans laquelle la table avait été dressée était large et longue, sans que le plafond soit très élevé. Sur les côtés, aucune fenêtre, seulement des portes, donnant sur différentes pièces. Au fond, côté rue, une haute et grande fenêtre avait été percée, splendide, qui semblait souffler elle-même l'air qu'elle laissait entrer. Elle occupait aisément la place de trois fenêtres ordinaires. Elle comprenait du reste trois parties, par simple division de son châssis. En dépit des dimensions de la pièce, cette fenêtre suffisait à lui apporter assez de lumière et d'air : pas un recoin qui fût privé de ce que la nature avait de plus naturel à offrir.

Au centre de la salle de réception, on avait donc installé une longue table pour le banquet. Le président était assis à l'une de ses extrémités, dos à la fenêtre. Pour ma part, en tant que doyen de la société, j'avais pris place à sa droite. Il est inutile que je donne ici plus de détails, sinon que l'assemblée comptait cinquante-deux personnes.

La salle était éclairée par des lustres, disposés au-dessus de la table, au nombre de trois. Grâce à un habile arrangement de leurs ornements, les lumières étaient, d'une manière singulière, concentrées sur la table, laissant dans une quasi-obscurité l'espace entre celle-ci et les murs. Cet effet rappelait l'éclairage que l'on applique au-dessus des billards. Mais si l'on comprenait bien l'intention d'un tel dispositif dans un salon de billard, il en allait ici différemment. C'est pourquoi pouvait éventuellement s'insinuer dans les esprits comme une légère sensation d'étrangeté liée à l'éclairage de la salle de réception. Si d'autres tables avaient été disposées sur les côtés, la sensation d'obscurité entre elles eût été plus flagrante. Mais, dans la mesure où il n'y avait qu'une seule table, il n'en était rien. Moi-même, je ne devais remarquer tout cela que bien plus tard, comme le verra le lecteur qui me suit dans mon récit. À mon arrivée, j'avais eu beau chercher partout, comme tous ceux qui étaient présents ce soir-là, où se pouvait nicher l'étrangeté attendue, je n'avais rien remarqué d'aucune sorte.

Comment la table était disposée, dressée, décorée : d'une part, je ne puis m'en souvenir et, d'autre part, il serait bien inutile de vouloir se le rappeler. Quelque différence qu'il pût y avoir avec les tables d'autres dîners, cette différence restait dans les limites de la normalité et ne devait rien à aucune sorte d'originalité. Toute description, dans le cas présent, serait donc stérile et vaine.

Les membres de la Société gastronomique – cinquante-deux, comme je l'ai indiqué – commencèrent à se présenter à six heures moins le quart. Trois d'entre eux, je m'en souviens, n'arrivèrent qu'à la dernière minute. Un membre – le dernier – se présenta même alors que nous étions en train de nous attabler. En la matière, pour cet aspect-là de la session, nous abandonnions tout cérémonial, ainsi qu'il sied aux artistes. Aussi ne se trouva-t-il personne pour s'offenser de cette arrivée tardive.

Nous prîmes place, en contenant une excitation qu'alimentaient notre impatience, nos doutes, notre défiance intellectuelle. Il devait s'agir, chacun s'en souvenait, d'*un dîner très original.* Et un défi nous avait été lancé : il fallait découvrir en quoi résidait, précisément, l'originalité du dîner. Là était la difficulté. L'originalité serait-elle à chercher dans quelque chose d'invisible ou d'évident ? Dans un plat, dans une sauce, dans une présentation ? Allait-elle se trouver dans quelque détail trivial ? Ou bien, finalement, dans ce qui caractérisait le banquet d'une manière générale ?

Naturellement, dans la mesure où nous étions tous dans cet état d'esprit, tout ce qui était possible, ou vaguement probable, ou encore raisonnablement improbable, impossible, suscitait en nous suspicion, interrogation, perplexité. Était-ce en cela qu'il fallait voir de l'originalité ? Était-ce en cela que consistait la plaisanterie ?

Ainsi, tous autant que nous étions, les invités, à peine avions-nous pris place pour dîner que nous commençâmes à examiner minutieusement, attentivement, toutes les décorations et compositions florales se trouvant sur la table, mais aussi bien les motifs sur les assiettes, la disposition des couteaux et des fourchettes, les verres, les bouteilles de vin. Certains avaient déjà examiné les chaises. Un nombre non négligeable de convives, l'air détaché, avaient fait le tour de la table, de la salle. L'un d'eux avait même regardé sous la table. Un autre avait parcouru de ses mains, rapidement et prudemment, le dessous de son plateau. Un membre avait laissé tomber sa serviette et s'était penché pour la ramasser, en exagérant à un point frôlant le grotesque la difficulté de l'opération ; il avait voulu voir, m'expliqua-t-il plus tard, s'il ne se trouvait pas là une trappe destinée, à un moment du banquet, à nous engloutir, ou à engloutir seulement la table, ou la table et nous du même coup.

Je ne puis à présent me remémorer avec précision quelles étaient mes suppositions, mes conjectures. Je me souviens clairement, en revanche, qu'elles étaient à peu près aussi ridicules que celles des autres que je viens d'évoquer. Des pensées fantasques et extraordinaires se succédaient dans mon esprit par association d'idées, de façon purement mécanique. Tout était à la fois suggestif et insatisfaisant. Tout bien considéré, la singularité était partout (de même qu'elle est en toute chose en tout lieu). Mais il n'y avait rien qui semblât clairement, nettement, indubitablement, renfermer la clé du problème, le fin mot de l'énigme.

Le président avait mis chacun de nous au défi de trouver en quoi consistait l'originalité du dîner. Étant donné la nature de la proposition et l'esprit facétieux qui faisait la réputation de Prosit, personne n'eût pu dire jusqu'où allait la mystification : l'originalité était-elle, à dessein, ridiculement insignifiante ? Se cachait-elle derrière trop d'évidence ? Ou bien encore, car cela était possible, consistait-elle précisément en l'absence de toute originalité ? Tel était l'état d'esprit dans lequel se trouvaient l'ensemble des invités – je le dis sans exagérer – au moment où nous nous apprêtions à déguster *un dîner très original.*

Nous prêtions à toute chose une attention extrême.

La première que l'on remarqua, c'est que le service était assuré par cinq domestiques noirs. On ne pouvait pas voir nettement l'expression de leur visage, non seulement à cause de la tenue un tant soit peu extravagante qu'ils portaient (qui comprenait un insolite turban), mais également à cause de ce mode d'éclairage singulier qui, comme dans les salons de billard, encore que par un dispositif différent, concentrait la lumière sur la table et plongeait tout le reste dans l'obscurité.

Les cinq domestiques noirs étaient correctement exercés ; peut-être pas excellemment, mais correctement, ce que trahissaient de nombreux détails, perceptibles surtout par des individus comme nous, au contact de ces gens-là au quotidien et pour des motifs de première importance, eu égard à la nature de notre art. Ils semblaient avoir été très bien préparés, à l'extérieur, pour un dîner au cours duquel ils serviraient pour la première fois. Telle était l'impression que mon esprit expérimenté tirait de leur service ; mais je la négligeai sur le moment, ne voyant là rien d'extraordinaire. On ne trouvait pas des domestiques n'importe où. Peut-être, pensai-je alors, Prosit les avait-il ramenés avec lui de l'un de ses séjours à l'étranger. Que je ne les connusse point ne pouvait constituer un motif suffisant pour en douter car, ainsi que je l'ai dit, les aspects les plus intimes de la vie de Prosit, tout autant que le lieu où il vivait, nous demeuraient inconnus et étaient par lui tenus secrets – il avait probablement ses raisons, qu'il ne nous appartenait ni de chercher à découvrir ni de juger. Telles furent mes pensées au sujet des cinq domestiques noirs, lorsque je les remarquai pour la première fois.

Le dîner commença donc. Nous fûmes encore plus déconcertés. Les particularités qu'il offrait étaient, considérées rationnellement, si insignifiantes qu'il eût été vain de tenter de quelque façon que ce fût de les interpréter. Par les observations qu'il formula, de manière humoristique, alors que l'on s'acheminait vers la fin du dîner, l'un des convives sut exprimer tout cela avec justesse.

« Tout ce que mon esprit attentif et avisé a décelé d'original jusqu'ici, déclara avec une emphase intentionnelle ce membre éminent, c'est, primo, que nos serveurs sont fort sombres, qu'ils sont plus ou moins enténébrés, tandis que nous sommes nous-mêmes franchement dans le cirage ; secundo, que, si tout cela a un sens, c'est de n'en avoir aucun. Du reste, je ne sache pas jusqu'ici qu'il y ait anguille sous roche, puisqu'elle nous a bien été servie dans une assiette. »

Ces propos badins rencontrèrent l'approbation générale, en dépit de l'indigence du trait d'esprit. Tout le monde avait remarqué la même chose. Mais personne ne voulait croire – même si beaucoup demeuraient indécis – que ce fût à cela que se limitait la plaisanterie de Prosit. On regarda vers le président pour voir si son visage souriant trahissait un sentiment quelconque, ou l'ébauche d'un sentiment, quelque chose – mais son sourire, inexpressif, restait celui qu'on lui connaissait. Peut-être s'était-il fendu un peu plus largement, peut-être s'était-il accompagné d'un clin d'œil, au moment où le membre émérite avait fait ses observations, peut-être Prosit y avait-il mis plus de malice ; mais rien de tout cela n'était certain.

« Dans vos paroles, finit par dire Prosit au membre qui venait de s'exprimer, j'ai grand plaisir à voir ainsi reconnue, même inconsciemment, mon habileté à dissimuler, à faire qu'une chose paraisse autre que ce qu'elle est. Car je vois que vous avez été abusé par les apparences. Je vois que vous êtes encore loin de connaître la vérité, le fin mot de la plaisanterie. Vous êtes loin de deviner en quoi consiste l'originalité de ce dîner. Et j'ajouterai que, s'il y a bien quelque anguille sous roche, ce que je ne saurais nier, cela n'a rien à voir avec le poisson. Néanmoins, je vous remercie pour vos éloges. » Et le président s'inclina par moquerie.

« Mes éloges ?

– Oui, vos éloges, puisque vous n'avez pas deviné. Et n'ayant pas deviné, vous avez proclamé mon habileté. Je vous en remercie ! »

Les rires mirent un terme à cet épisode.

Entre-temps, je n'avais cessé de réfléchir et je parvins tout à coup à une étrange conclusion. Me remémorant le point de départ de ce dîner, la formulation de l'invitation et le jour où elle avait été lancée, je me rappelai soudain que ce banquet avait été considéré par tous comme la conséquence d'une discussion ayant opposé le président aux cinq gastronomes de Francfort. Je me rappelai les expressions que Prosit avait alors employées. Il avait dit aux cinq jeunes hommes qu'ils seraient présents au dîner et qu'ils apporteraient à son bon déroulement leur contribution « matérielle ». Tel était le terme qu'il avait utilisé.

Or, ces cinq jeunes hommes… ne se trouvaient pas parmi les convives À ce moment-là, en voyant l'un des domestiques noirs, tout naturellement, je resongeai à eux, puis immédiatement après, qu'ils étaient cinq. Cette découverte me fit sursauter. Je tournai mon regard vers l'endroit où ils se tenaient, afin de voir si leurs visages trahissaient quelque chose. Mais leurs visages, déjà sombres eux-mêmes, se trouvaient dans l'obscurité. C'est alors que je pris la mesure de l'extrême habileté avec laquelle avait été disposé l'éclairage afin qu'il projetât toute sa clarté sur la table, en laissant le reste de la salle dans une semi-pénombre, tout particulièrement à la hauteur des visages des domestiques qui nous servaient. Aussi étrange, aussi ahurissant que cela pût paraître, je n'eus plus aucun doute. J'étais absolument convaincu que les cinq jeunes gentlemen de Francfort avaient pris l'apparence, pour l'occasion, des cinq domestiques noirs qui servaient le dîner. L'incrédibilité absolue de tout ceci m'arrêta un instant, mais mes conclusions étaient par trop bien tirées, par trop évidentes. Il ne pouvait en être autrement que ce que je venais de découvrir.

Je me rappelai aussitôt que, cinq minutes auparavant environ, les domestiques noirs ayant naturellement attiré l'attention, l'un des membres de la société, Herr Kleist, un anthropologue, avait demandé à Prosit quelle était leur race (dans la mesure où il était parfaitement incapable de voir les traits de leurs visages) et d'où il les tenait. La contrariété qu'avait alors affichée le président n'était peut-être pas absolument manifeste ; il n'en restait pas moins que je l'avais clairement, parfaitement décelée, alors même que mon attention n'était pas encore aiguillonnée par la découverte que je m'apprêtais à faire. J'avais relevé la confusion de Prosit, qui m'avait intrigué. Peu après – comme je le notai inconsciemment –, lorsque l'un des domestiques présenta un plat à Prosit, ce dernier lui adressa quelque consigne à voix basse, ce qui eut pour résultat immédiat de faire se tenir les cinq « Noirs » plus loin dans la pénombre, en exagérant peut-être la prise de distance, pour qui prêtait attention au stratagème.

La crainte du président, évidemment, était bien naturelle. Un anthropologue tel que Herr Kleist, ayant une connaissance approfondie des races humaines, de leurs types, de leurs caractéristiques physionomiques, serait immédiatement parvenu à découvrir l'imposture, s'il avait pu voir leurs visages. D'où l'extrême préoccupation de Prosit à ce sujet; d'où l'ordre donné aux domestiques de bien se maintenir dans l'obscurité. Comment il éluda la question, je l'ai oublié; il me semble, cependant, que ce fut en déclarant que ces domestiques n'étaient pas les siens et en prétendant ignorer quelle était leur race et comment ils étaient arrivés en Europe. En faisant cette réponse, je notai toutefois qu'il était considérablement mal à l'aise, redoutant que Herr Kleist veuille soudain, précisément pour déterminer leur race, examiner les Noirs. Évidemment, s'il n'avait pas indiqué que ces domestiques n'étaient pas les siens, il n'eût pu dire qu'ils appartenaient à telle ou telle race, étant ignorant en la matière et se sachant tel, car il eût couru le risque d'avancer un type dont les caractéristiques les plus élémentaires et les plus apparentes, comme la stature, fussent en évidente contradiction avec celles des cinq domestiques noirs. Je me rappelle vaguement qu'après cette réponse Prosit tira prétexte de quelque incident matériel pour ramener la discussion sur le dîner ou la gastronomie – bref, un sujet, je ne sais plus lequel, autre que les domestiques.

Si l'assaisonnement sophistiqué des plats et la nouveauté superficielle de leur présentation n'avaient pas été légitimes chez le président en tant qu'artiste culinaire, indépendamment du but du dîner, ils n'eussent pas constitué autre chose à mes yeux que des vétilles ayant pour seule visée de détourner l'attention, tant me paraissaient évidents leur absurdité insignifiante, leur mesquinerie criante, leur non-conformisme ostentatoire. Personne, ajouterai-je, après les avoir bien considérés, n'accorda à ces éléments la moindre importance.

La situation était en elle-même, il est vrai, excessivement, indiciblement étrange. Raison de plus, pensai-je en mon for intérieur, pour qu'elle portât la marque de l'originalité de Prosit. Il était tout de même stupéfiant, à la réflexion, que cela fût possible. Comment ? Comment avait-on pu contraindre cinq jeunes gens absolument hostiles au président à acquérir les compétences requises pour tenir le rôle de domestiques au cours d'un dîner, ce qui répugnerait à tout homme d'une certaine condition sociale ? C'était d'un grotesque confondant, autant que la vision d'un corps de femme muni d'une queue de poisson. Cela donnait comme le sentiment que le monde marchait sur la tête.

Quant au fait qu'ils fussent noirs de peau, cela s'expliquait aisément. Prosit ne pouvait évidemment pas présenter les cinq jeunes hommes devant les membres de la société sous leur apparence habituelle. Il savait que nous avions une vague connaissance de son séjour dans les colonies et c'est tout naturellement qu'il l'avait mise à profit en les grimant en Noirs afin qu'on ne décelât point la mystification. La question la plus torturante pour l'esprit était de savoir comment cela avait pu se réaliser, ce que *seul* Prosit pouvait révéler. J'arrivais à comprendre – et encore, non sans mal – qu'un homme endossât le rôle d'un domestique pour un ami très cher, à l'occasion d'une plaisanterie et à titre de faveur vraiment exceptionnelle. Mais dans ce cas!

Plus je réfléchissais, plus cela me semblait extraordinaire, mais, dans le même temps, étant donné toutes ces preuves, étant donné la tournure d'esprit du président, il était probable, il était certain que la blague de Prosit consistât en cela même. Il pouvait bien nous mettre au défi de découvrir ce que le banquet avait d'original! Certes, l'originalité, telle que je l'avais découverte, ne tenait pas à proprement parler au dîner; mais puisqu'elle concernait les domestiques, il y avait bien un lien avec le dîner. À ce stade de mon raisonnement, je m'étonnai de ne pas avoir vu cela plus tôt : le banquet étant offert à cause des cinq jeunes hommes (c'était désormais un fait acquis), il fallait forcément qu'ils fussent pris pour cible, en guise de revanche. En ce cas, à l'évidence, quel meilleur moyen de les châtier, à l'occasion du dîner, sinon de les contraindre à en effectuer le service ?

Ces arguments, ces raisonnements, que j'ai exposés ici sur plusieurs paragraphes, m'avaient traversé l'esprit en quelques minutes seulement. J'étais absolument convaincu, abasourdi, satisfait. La clarté rationnelle de l'affaire éloignait de mon esprit ce que sa nature pouvait avoir d'extraordinaire. J'avais su voir les choses avec lucidité, avec exactitude. Je venais de remporter le défi lancé par Prosit.

Le dîner touchait presque à sa fin, nous arrivions au dessert.

Je résolus, afin que ma sagacité fût reconnue, d'aviser Prosit de ma découverte. Je reconsidérai la situation : je ne pouvais me fourvoyer, je ne pouvais être dans l'erreur. L'étrangeté de l'affaire, telle que je l'avais conçue, avait progressivement renforcé mes certitudes. À la fin, je me penchai vers Prosit pour lui glisser à voix basse :

« Prosit, mon ami, vous êtes percé à jour. Ces *cinq Noirs* et les cinq jeunes hommes de Francfort…

– Ah ! Vous avez deviné qu'il y avait quelque lien entre eux », dit-il d'un air à la fois narquois et dubitatif, même si je remarquai qu'il était contrarié et en son for intérieur irrité par la perspicacité de mon raisonnement, qu'il n'avait pas anticipée. Il se montra mal à l'aise et me dévisagea attentivement. J'ai vu juste, pensai-je à part moi.

« Bien sûr, répondis-je, ce sont *eux*. Cela ne fait plus aucun doute. Mais comment diable avez-vous fait ?

– La force brute, mon cher ami. Mais motus, n'en dites rien aux autres.

– Bien sûr. Mais comment cela, la force brute, cher Prosit ?

– Eh bien, c'est un secret. Quelque chose que je ne puis dévoiler. D'aussi secret que la mort.

– Mais comment faites-vous pour qu'ils se tiennent si tranquilles ? Je n'en reviens pas. Ne vont-ils pas finir par s'en aller ou se révolter ? »

Le président sembla intérieurement se tordre de rire.

« Rien à craindre de ce côté-là, dit-il, en m'adressant un clin d'œil qui en disait long. Ils ne s'enfuiront pas, ça non. C'est absolument impossible », et il me regarda tranquillement, de son air matois et mystérieux.

Au bout du compte, nous arrivions à la fin du dîner – non, pas tout à fait à la fin du dîner ; c'était là une autre singularité destinée à produire son effet, apparemment – lorsque Prosit nous proposa de porter un toast. Chacun fut surpris par cette idée de porter un toast juste après le dernier plat, avant même le dessert. Tout le monde s'étonna sauf moi, qui ne vis là qu'une excentricité de plus, insignifiante en elle-même, visant à détourner l'attention. Néanmoins, on remplit tous les verres. Pendant qu'on les remplissait, l'attitude du président se modifia radicalement. Il s'agita sur sa chaise, pris d'une grande excitation et de cette sorte de fièvre qui s'empare de celui qui *veut* parler, qui doit dévoiler un grand secret, faire une grande révélation.

Chacun remarqua immédiatement ce comportement.

« Prosit a quelque révélation à nous faire – *la* révélation. Prosit tel qu'en lui-même ! Allez, Prosit, nous sommes tout ouïe ! »

À mesure que le moment du toast approchait, le président semblait devenir fou, à force d'excitation. Il ne tenait plus en place, se contorsionnait, grignait, souriait, grimaçait, riait tout bas sans raison, sans plus parvenir à se contenir.

Tous les verres étaient pleins. Chacun était prêt. Il se fit un profond silence. Dans ce moment de tension, je me rappelle avoir entendu les pas de deux personnes dans la rue et d'avoir été irrité par deux voix : un homme et une femme conversaient en bas, sur la place. Bientôt, je n'y pris plus garde. Prosit se leva, ou plutôt il bondit, manquant de renverser sa chaise.

« Messieurs, dit-il, je vais vous révéler mon secret, l'objet de la plaisanterie, du défi. C'est très amusant. Vous vous souvenez que j'avais dit aux cinq jeunes gens de Francfort qu'ils seraient présents et qu'ils prêteraient leur concours à ce banquet de la façon la plus matérielle qui fût ? Là est le secret, c'est là qu'il réside, veux-je dire. »

Le président parlait avec empressement, de manière incohérente, tout à sa hâte d'en arriver à l'essentiel.

« Messieurs, c'est *tout* ce que j'ai à déclarer. Et maintenant, le premier toast, levons bien haut notre verre : à mes cinq pauvres rivaux... Car personne n'a deviné la vérité, pas même Meyer [c'est moi], non, pas même lui. »

Le président marqua une pause ; puis, élevant la voix au point de crier :

« Je bois, dit-il, *à la mémoire* des cinq jeunes gentlemen de Francfort, *qui furent présents en chair et en os* à ce dîner et y *apportèrent la contribution la plus matérielle qui soit.* »

L'air hagard, féroce, *complètement* fou, il pointa son doigt tremblant d'excitation vers *des restes de chair dans un plat* laissé sur la table à sa demande.

À peine ces mots furent-ils prononcés qu'une horreur indescriptible s'empara de l'assemblée, comme mystérieusement glacée d'effroi. Sur le moment, nous fûmes tous accablés par cette inconcevable révélation. On eût dit, dans l'intensité de l'horreur, dans son silence, que personne n'avait entendu, que personne n'avait compris. Une folie, que les pires cauchemars ignorent, était venue nicher son horreur au cœur de la réalité. Un silence, qui ne dura qu'un instant, encore qu'il semblât devoir, par l'émoi suscité, par sa profondeur, par l'horreur qu'il portait en lui, se prolonger pour l'éternité, s'abattit sur nous tous, un silence tel que nul n'en avait jamais imaginé, jamais conçu. Je ne puis me figurer quelle expression chacun de nous devait avoir. Mais sur ces visages devait se lire ce qu'aucune vision n'avait encore jamais embrassé.

Cela pendant un instant – bref, destructeur, abyssal.

L'horreur, la commotion dont j'étais frappé sont indescriptibles. Toutes ces expressions, ces insinuations humoristiques que j'avais naturellement, innocemment, rapprochées de mes hypothèses sur les cinq domestiques noirs, révélaient à présent leur véritable, leur plus abjecte signification. Les malicieuses confidences à mots couverts, les inflexions suggestives de la voix de

Prosit, tout cela, dis-je, m'apparaissant désormais sous le jour de la vérité, me fit frémir et m'effraya à un point indicible. L'intensité extrême de la terreur qui s'empara de moi m'empêcha, semble-t-il, de m'évanouir. Pendant un instant, comme les autres, mais avec une frayeur plus grande et plus de raison, je me rassis sur ma chaise et fixai Prosit avec une horreur qu'aucun mot ne saurait exprimer.

Cela dura un instant, mais un instant seulement. Ensuite, hormis quelques-uns d'entre nous, les plus pusillanimes, qui s'étaient évanouis, tous les convives emportés par une juste et incontrôlable rage se ruèrent furieusement sur le cannibale, sur l'auteur dément de cet exploit des plus ignobles. Un spectateur extérieur eût certainement trouvé abominable de voir ainsi s'abîmer dans un déchaînement de fureur, telles des bêtes féroces, ces hommes bien éduqués, bien habillés, ces semi-artistes raffinés. Prosit était fou, mais à cet instant, nous l'étions tout autant. Il n'avait aucune chance de nous échapper – absolument aucune. En fait, nous étions alors plus fous que lui. Nous étions dans une telle rage qu'*un seul* d'entre nous eût suffi pour infliger à Prosit le plus effroyable des châtiments.

Moi-même, je commençai par frapper l'infâme d'un coup de poing, avec une rage si terrible que j'eus peine à croire qu'il s'agissait bien de moi – c'est toujours le cas aujourd'hui, car le souvenir que je garde de cette scène est très troublé : il me semble impossible qu'elle ait eu lieu. Je me saisis de la carafe à vin qui se trouvait à mes côtés et la jetai, avec une abjecte exultation mêlée de haine, à la tête de Prosit. Elle l'atteignit en pleine face et son visage se couvrit d'un mélange de sang et de vin. Je suis doux, sensible, les effusions de sang me répugnent. Lorsque j'y resonge à présent, je ne parviens pas à comprendre comment, au regard de ma personnalité normale, je pus commettre un acte d'une si épouvantable cruauté, même s'il était juste ; car, essentiellement en raison de la hargne qui l'inspira, cet acte fut cruel, extrêmement cruel. Fallait-il que fussent grandes ma rage et ma folie ! Et celles des autres !

« Jetons-le par la fenêtre ! », hurla une voix terrifiante. « Par la fenêtre ! », glapit un chœur formidable. Signe révélateur de la brutalité qui s'était alors emparée de nous : on ne trouva rien de mieux pour ouvrir la fenêtre que de la briser complètement. Quelqu'un donna un violent coup d'épaule sur la partie centrale (la fenêtre en comptait trois), qui alla se fracasser sur la place.

Plus d'une douzaine de mains animales, en se le disputant, se saisirent avec avidité de Prosit, dont la folie était portée à son comble par une terreur inexprimable. Avec une précipitation toute déréglée, on le jeta par la fenêtre, mais il ne chuta point car il parvint à se retenir à une partie du châssis.

Une nouvelle fois, ces mêmes mains l'agrippèrent, plus fermement, plus brutalement, plus sauvagement encore. Avec une conjonction de forces herculéennes, avec une entente, une harmonie parfaitement diaboliques en un tel moment, elles firent basculer Prosit dans le vide, en le propulsant avec une violence incalculable. Le président, avec un bruit sourd qui eût soulevé le cœur des plus solides, mais qui ramena le calme dans les nôtres, écumants et avides, s'écrasa sur la place, un mètre ou deux au-delà du trottoir.

Après quoi, pas un mot, pas un signe ne fut échangé, chacun s'enferma dans l'abomination de soi-même, avant de fuir la maison. Une fois dehors, la furie passée et l'ignominie l'ayant provoquée semblant désormais un songe, nous ressentîmes l'indicible horreur d'être de nouveau confrontés à la normalité. Tous, sans exception, nous fûmes pris d'un haut-le-cœur et beaucoup finirent par s'évanouir. Pour ma part, je perdis connaissance sur le pas de la porte.

Les cinq domestiques noirs de Prosit – ils étaient authentiquement noirs, il s'agissait de vieux pirates asiatiques, d'une abominable tribu d'assassins –, devant la tournure des événements, avaient pris la fuite durant la rixe. Tous finirent par être arrêtés – tous sauf un. On apprit par la suite que Prosit, pour mener à bien son mauvais tour, avait petit à petit, avec une habileté parfaitement diabolique, réveillé en eux leurs instincts barbares, mis en sommeil au contact de la civilisation. C'est ainsi qu'ils avaient joué en toutes choses le rôle d'assistants du président. Ordre leur avait été donné de se tenir aussi loin que possible de la table, dans la pénombre, à cause de la crainte ignorante et coupable que lui inspirait Herr Kleist, l'anthropologue. Prosit redoutait en effet, d'après ce qu'il connaissait de sa science, que celui-ci parvînt à reconnaître, marquant confusément leurs faces noires, les stigmates du crime. Les quatre d'entre eux que l'on arrêta furent dûment châtiés.

Alexander Search.

Juin 1907.

LA PORTE

Nota

Pour la traduction de *The Door*, nous avons utilisé une copie du manuscrit conservé à la Bibliothèque nationale du Portugal et la transcription qu'en a faite Jerónimo Pizarro dans le volume VII, tome II, de l'édition critique des œuvres de Fernando Pessoa, *Escritos sobre génio e loucura* (Imprensa Nacional-Casa da Moeda, Lisbonne, 2006).

Le manuscrit original, fragmentaire, comprend plus d'une cinquantaine de feuillets dans un état d'achèvement inégal, avec des ratures, des incises, des espaces laissés vierges.

La partie introductive du texte a été mise au propre à deux reprises, mais les versions conservées sont l'une et l'autre lacunaires. Leur assemblage permet néanmoins d'obtenir une reconstitution complète.

Les variantes entre ces deux versions étant mineures, nous ne signalons en notes de bas de page que les plus importantes.

Une page de titre manuscrite porte la mention : « The Door. | March 1906. | October 1907. » En regard, cette phrase énigmatique : « A dead nothing locked with the coffin of myself. »

☐ blanc laissé par l'auteur

« …Tout ceci me paraît un songe, me disais-je,
mais la vie humaine est-elle autre chose ?
Je rêve plus extraordinairement qu'un autre,
et voilà tout. »
Cazotte, [*Le*] *Diable amoureux**

* *Pessoa avait d'abord envisagé de placer en exergue d'autres citations. Un feuillet manuscrit en comporte trois, finalement biffées, avec la mention « Aucune de celles-ci mais citation de Cazotte » :*
- *saint Bonaventure,* Commentaria in Quatuor Libros Sententiarum : « (…) quamvis Deus sit praesens, tamen propter caecitatem et caliginem intellectus nostri, in qua sumus, ipsum cognoscimus ut absentem. » *(Bien que Dieu soit présent, à cause de l'intellect aveugle et enténébré qui est le nôtre, nous Le connaissons comme absent.)*
- *saint Augustin,* De Trinitate : « Videmus nunc per speculum et in aenigmate. » *(Citation de la Bible, 1 Cor. 13, 12 : « Nous voyons tout pour l'instant à travers un miroir, de façon énigmatique. »)*
- *saint François de Sales,* Traité de l'amour de Dieu : « *Nous voyons et entendons ainsi, Théotime, tout ce que nous etc.* » *(Ce passage renvoie lui aussi à 1 Cor. 13, 12.)*

On décèle dans les choses une signification subtile, une similitude grotesque entre leurs âmes en dépit de leurs dissemblances, devant quoi notre raison reste confondue. Mais dans les facultés les plus élevées de l'homme, c'est encore l'instinct qui prédomine – elles sont encore des instincts – et certains de ceux qu'on appelle des fous, ou éventuellement des maniaques et des rêveurs, appréhendent les choses dans l'intimité de leur être, en conséquence de quoi ils souffrent et sont maudits. Lorsqu'un pauvre maniaque est effrayé à la vue d'une poignée de porte, lorsqu'un autre s'évanouit en entendant prononcer un certain mot, ou en le voyant écrit, ou en reconnaissant une certaine senteur, qui sait s'il ne pénètre pas mieux que les autres l'âme de ces choses ? Qui saurait dire si, fort de son intuition exacerbée, il n'atteint pas à la justesse de tout instinct ? Et comment se pourrait-il que rien ne l'effrayât, absolument rien ? Comment une émotion saurait-elle être sans objet, un phénomène sans cause ?

Assurément, une poignée de porte, ou tel mot que l'on prononce ou écrit, ou telle senteur, n'ont à nos yeux rien d'effrayant. Si un homme voit en ces choses un motif d'effroi, c'est qu'à l'évidence il les voit différemment de nous. Me répondrait-on que c'est en lui que réside la différence, que c'est en lui que se trouve l'objet qu'il voit, je rétorquerais qu'il en va de même pour l'objet que nous voyons : il est en nous. La science nous en apporte la preuve, le raisonnement de même. La couleur, le poids, la lumière, le son : tout cela est relatif. La forme, le temps et l'espace le sont tout autant. Rien n'existe autrement qu'à travers la sensation que nous en avons. M'objectera-t-on qu'il est seul et que nous sommes nombreux ? Peut-être est-il plus développé que nous, peut-être est-il en avance sur nous sur la voie de l'évolution. Le premier homme qui voulut se défaire, d'une manière encore obscure et malhabile certainement, de son enveloppe animale était seul lui aussi, tandis que ses semblables simiens étaient légion ; pour autant, sa conception du monde était-elle inférieure ou supérieure à celle de la masse des primates dont il était issu et face à qui il se tenait, solitaire ?

Car les idées de l'homme normal ne se distinguent pas de celles du fou par une différence de nature ni même simplement par une différence de degré. Si elles différaient par leur nature, comment pourrait-on dire que celles-ci sont erronées* ? De quelle expérience pourrait-on se prévaloir pour les condamner ? Comment être sûr, du reste, qu'elles ne constituent pas la première manifestation d'une nouvelle forme de vie intellectuelle ? Si l'on va plus loin, peut-on même soutenir le moins du monde une telle hypothèse ? Un homme peut-il se distinguer d'un autre par la nature de ses facultés ? Non. Et s'il ne s'agissait que d'une différence de degré, comment pourrait-on dire, dans la mesure où toutes nos conceptions, nos perceptions des choses diffèrent d'un individu à l'autre, lequel d'entre nous est fou ? Chacun s'érigeant en juge, tous les autres seraient fous. Et si l'on considère qu'il n'existe que des différences minimes entre des hommes normaux, alors qu'il en existe de grandes entre un homme normal et un autre devenu fou, je ne dirais qu'une chose : que la seule différence de degré ne saurait suffire à établir la moindre distinction. *Cet* homme-là est normal et cet autre l'est également, puisqu'il n'est guère différent du premier ; ce troisième homme est normal lui aussi, puisque seule une mince différence le sépare du *deuxième*, lequel est normal. Continuons de la sorte, en changeant insensiblement de degré, et chaque

* *Dans la version A :* abnormal. *Dans la version B :* false.

homme sera déclaré normal jusqu'au moment où, comparant le dernier individu jugé normal au premier – celui par lequel on a commencé –, on trouvera qu'ils sont aussi éloignés l'un de l'autre que le « fou » de « l'homme normal ». Ainsi, que peut-on dire des fous ? Peut-on dire, sans se tromper, qu'ils se trompent ? Peut-on affirmer avec une absolue conviction que ces malheureux, du fait de leurs délires et de leurs angoisses, ne sont pas au plus près des raisons et des causes résidant au cœur de l'esprit des choses* ?

Un espoir demeure, néanmoins, à la lumière de l'évolution et du progrès : de même que ce qui était instinct chez l'animal s'est mué, chez nous, en pensée et en conscience, ce qui est à présent instinct chez nous subira une transformation du même type dans l'être plus élevé et plus parfait à la réalisation duquel nous tendons. La race de demain saura l'entendre.

* *On pourra rapprocher ce passage d'une fiction intitulée* Voyage spirituel *(non datée et dont il ne reste qu'un fragment), notamment de cet extrait : « Toutes les formes de folie sont des formes de vision lucide. Ce sont les sains d'esprit qui sont aveugles ou qui ont l'âme confuse. Devenir fou, c'est cheminer vers le mystère, l'apercevoir de loin. Devenir fou, c'est commencer à vivre. Qui possède l'intuition de la vie – du mystère ? Les hommes de génie. Et que sont-ils ? Des hommes sur la voie de la folie, des fous incomplets. » Le fac-similé du manuscrit portugais figure dans Fernando Pessoa,* Escritos sobre génio e loucura, *op. cit.*

Le jour de la compréhension n'est pas encore venu.

Ceux qui dans leur instinct vont au-delà de la place qui leur est assignée sur l'échelle de l'évolution, ceux qui, s'étant révoltés contre la normalité, ont accédé intérieurement et sans le savoir au mystère de l'univers, pourquoi ne pourraient-ils pas aller plus avant dans leur connaissance – au-delà de ce qu'ils sentent et qui est la source même de leur affliction ? Si un chien pensait comme nous (hypothèse inenvisageable), ses semblables ne verraient-ils pas en ce compagnon un fou ? Ne le chasseraient-ils pas ? Éventuellement, n'iraient-ils pas jusqu'à le tuer ? Bien sûr qu'ils le tueraient (qui en douterait un seul instant ?) – alors que leur victime serait plus près de la vérité. Il en va de même pour nous. Et, à l'instar de l'animal que j'ai imaginé, dont l'esprit serait en proie à mille et une complications et visions d'horreur en raison de la présence en lui d'un élément nouveau, outrepassant sa nature, les hommes qui en savent plus que leurs semblables souffrent d'inhabituelles angoisses, sont hantés par des spectres* et des songes. De même que le chien, s'il pensait, en raison de ses facultés limitées** au regard de son instinct humain, ne saurait pas qu'il pense et ne

* *Dans la version A :* phantasies. *Dans la version B :* phantoms.

** *Dans la version A :* low mental manner-of-being. *Dans la version B:* low manner-of-being.

ferait rien d'autre que *sentir* qu'il pense, les fous, sachant plus que les autres, sentent qu'ils savent, mais au prix d'horreurs qu'ils ne peuvent exprimer, d'angoisses qu'ils ne peuvent nommer*.

Un homme qui a peur a peur de quelque chose ; un homme qui désire désire quelque chose, pour confuse que soit sa compréhension de sa peur ou de son désir. Lorsque ce qu'un individu redoute, déteste, désire est une chose dont nous pouvons comprendre qu'elle soit l'objet ou la cause de tels sentiments, une chose que nous pourrions nous-mêmes redouter, détester, désirer, nous n'avons rien d'autre à dire de cet homme, si ce n'est qu'il redoute, déteste, désire. Mais lorsque ce qu'un individu redoute ou désire ou déteste est une chose dont nous ne pouvons pas comprendre qu'elle puisse susciter une émotion, une chose que nous sommes incapables de redouter, ou de désirer, ou de détester, nous déclarons que cet individu est fou. Comme tout cela est fallacieux et erroné ! Faut-il être un animal évolué pour produire un tel raisonnement ! Imaginez un homme plaisant et bien élevé, que vous connaissez comme tel ; quant

* *Dans un fragment non signé, daté de septembre 1908, on trouve ceci, rédigé en français : « L'être le plus conscient (pesez bien ce mot) est l'être le plus malheureux. La grande conscience des génies conscients n'est qu'une affreuse, n'est qu'une énorme folie lucide », in Jerónimo Pizarro,* Fernando Pessoa: entre génio e loucura, *op. cit.*

à moi, je le connais mieux et sais pertinemment qu'il est mauvais, car telle est bien sa personnalité, en réalité. Lorsque je vous dirai qu'il est mauvais, je passerai pour fou à vos yeux, et cela parce que je vois plus loin que vous. Ce n'est pas que mon entendement aille au-delà de la vérité ; c'est le vôtre qui reste en deçà. Allez convaincre un homme sain d'esprit sans connaissance aucune en chimie que l'eau résulte de la combinaison de deux gaz. Allez expliquer à un Nègre intelligent que le soleil ne se déplace pas sur la voûte céleste. Vous ne le pourrez pas. Ce qu'un homme voit, physiquement ou mentalement, il y croit ; ce qu'il ne voit pas, il n'y croit pas. Un homme croit aussi loin qu'il peut voir, mais pas au-delà. Dans le monde physique, chacun peut s'aider de télescopes et de microscopes, qui fournissent les moyens nécessaires pour se convaincre. Dans le monde moral, il n'y a ni télescope, ni microscope, ni aucun stratagème d'aucune sorte pour aider celui dont la vue est déficiente. Pour les yeux de l'intellect – hélas pour eux ! –, nul oculiste. Ils voient ainsi qu'ils sont nés pour voir.

Ne dites pas ensuite que celui qui frémit à la vue d'un clou, celui qui tremble devant une chaussure ou celui qui a horreur des espaces vides est fou. Ne dites pas que le mystique délire ou que *rien* ne poursuit l'homme qui se dit persécuté. Ne dites rien, car, en premier lieu, vous ne savez pas – vu que personne n'est en mesure de savoir – ce que signifie être fou, et, deuxièmement, la conscience de ces individus se porte loin devant la vôtre, vous manquez quelque peu de clairvoyance, vos facultés sont quelque peu défaillantes. Et même, ne dites pas que les fantaisies les plus débridées, les rêves les plus extravagants sont insensés. Non, car ils sont réels, aussi réels que le soleil et les étoiles, aussi réels que ce monde qui nous appartient et qui est notre maître*.

Car nous ne savons pas qui rêve ni comment on rêve, ni ce que sont les rêves ou ce que rêver signifie. Certains nous semblent rêver plus que nous ne croyons le faire et nous les tenons pour fous ; alors que nous-mêmes rêvons et qu'eux, qui rêvent plus, rêvent moins qu'ils ne s'évertuent à effacer de toutes choses la souillure de leur conception.

* *Dans un autre feuillet manuscrit non numéroté, Pessoa creuse la même idée. Difficile de dire s'il appartient à une version antérieure ou postérieure du présent montage : « Ah non, nul ne saurait prouver ou se persuader que ces choses que voient les fous, ou même les ombres dans les rêves, ou les rêves dans les rêves, ne sont pas réels. Ils sont réels, ils sont vrais, quand bien même ils ne s'accordent pas avec le monde tel que nous le voyons. Ils n'existent pas, chacun en conviendra, à la façon des choses de ce monde. Mais ils existent plus profondément, plus authentiquement. Nous les percevons bien d'une manière ou d'une autre ; c'est donc que, d'une manière ou d'une autre, ils doivent exister. Et cela même si nous ne savons dire ni penser le comment de leur existence. »*

* * *

Or, le château comptait nombre de couloirs et dans l'un de ceux-ci, qui n'avait en soi rien de remarquable et était rigoureusement identique aux autres, se trouvaient quatre portes dont une qui, de la même manière, ne différait en rien des autres – elle leur était exactement semblable, comme elle était semblable à toutes les autres portes de l'édifice, qui n'était pas petit. La pièce sur laquelle donnait cette porte était aussi quelconque que la porte elle-même. La seule idée que je veuille transmettre au lecteur est le caractère absolument anodin tant du couloir que de la pièce et de la porte ; je veux qu'il sache qu'aucun élément de nature particulière ou historique ne faisait de cette porte quelque chose d'horrible ou de mystérieux. Le récit que j'ai à faire n'en est ainsi que plus terrible.

Je vécus mon enfance et les premières années de mon adolescence dans le château. Mon imagination n'était guère stimulée par l'histoire et, en ce sens, l'édifice en lui-même ne m'intéressait que passablement ; en tant qu'artiste, j'en observais avec une certaine admiration telle ou telle partie, mais l'effet que produisait le château sur mon imagination restait assez faible, bien plus faible que ce à quoi on eût pu s'attendre. *Si l'on excepte un point précis* – un seul – que vous allez découvrir, je ne suis pas ce que l'on appelle un pervers et j'ajouterai que la nature de mon caractère n'a rien de particulièrement impulsif ou primitif. J'ai la froideur d'un homme cultivé alliée à la □ sensibilité d'une âme d'artiste. Je ne vois donc aucune raison pouvant expliquer ce que je m'apprête à narrer ici.

J'ai dit que j'avais été élevé dans le château, que j'y étais resté jusqu'aux débuts de l'adolescence. Il en fut bien ainsi et voici le souvenir le plus ancien que je garde de mon enfance : je me vois en train de donner un coup de pied dans la porte dont j'ai parlé, de lui donner, impulsivement, *un coup avec mon pied droit*.

C'est le seul et unique phénomène de nature impulsive ou perverse de ma vie dont je me souvienne. Qu'il fût de cette nature, je n'en doute pas. Je grandis et chaque fois que j'empruntais ce couloir, vite ou lentement, en rêvassant ou l'esprit aux aguets, un désir impulsif qu'il m'était impossible de contrôler et auquel je ne manquais jamais de me conformer me poussait à donner un coup de pied dans cette porte et à le faire avec le pied droit. Lorsque je jouais, enfant, et que je cherchais à échapper à quelqu'un en passant par ce couloir, bien souvent on m'attrapait et je perdais du seul fait que je m'étais arrêté pour donner un coup de pied dans la porte. Parfois, tout en courant aussi vite que possible, je tâchais de lancer un coup de pied à la porte – si j'échouais, c'était pire : il me fallait faire demi-tour pour aller lui assener mon coup –, et toujours du pied droit. Je me souviens parfaitement d'un incident qui illustre bien l'étrangeté de ce désir impulsif. Un jour, mon père, en raison de quelque mauvais tour dont je m'étais rendu coupable, m'avait saisi par la main et me traînait de force dans sa chambre, pour m'administrer le châtiment que je méritais. Nous passâmes devant la porte, pour ce qui me concerne du côté le plus éloigné de celle-ci. Immédiatement, je commençai à le griffer, à lui donner des coups de pied et à le mordre – ce qui, de ma part et à son égard, représentait un acte proprement inconcevable. Tant et si bien que mon père, au bout d'un moment, dut lâcher prise et me laisser filer. Je me dirigeai alors vers la porte, lui lançai un coup de pied, puis m'en retournai auprès de lui avec ma docilité et ma timidité habituelles lorsque je devais être puni. Mon père ne comprit jamais clairement les raisons de cette révolte sans précédent.

À la fin de l'adolescence et lorsque je devins un jeune homme, alors que je m'étais déjà défait du manteau de l'être matériel, cette singulière impulsion me conduisant à donner des coups de pied dans la porte commença à susciter en moi d'inquiètes conjectures. La nature extraordinaire et la perversité d'une telle action étaient si mystérieuses que j'en étais profondément troublé. Aussi entrepris-je de mener des expériences sur moi-même.

Avant cela, j'avais déjà tenté de juguler cette lubie, mais toujours en vain. Je ne parvenais jamais à passer devant la porte sans lui donner un coup de pied, et cela quels que fussent mes occupations et mon degré de distraction au moment d'emprunter le couloir. Au cours de l'enfance, cette impulsion était purement inconsciente ; ce n'était pas un âge pour l'analyser rationnellement. À l'adolescence, avec une conscience de moi-même plus aiguisée, ce désir impulsif fut mis à l'épreuve par ma détermination, sans succès cependant ; mon intellect, qui commençait à s'éveiller, l'observait avec étonnement, avec amusement, parfois. Jeune homme il prit naturellement une autre forme.

Avec, au sortir de l'adolescence – je le répète –, une pleine conscience de moi-même et un intellect quasiment formé – car ceux qui ont mon caractère ont un développement intellectuel précoce –, je commençai à chercher ce qui pouvait expliquer un tel désir impulsif et mes sentiments évoluèrent peu à peu. Cette singulière monomanie, je le redis, commença à provoquer chez moi d'inquiètes conjectures. Le sentiment d'étonnement se mua en sentiment d'effroi. J'avais auparavant tenté de contrôler cette étrange forme de perversité; désormais, je l'examinais, je l'analysais, je menais des expériences. Je m'efforçais de la dominer; mais jamais je ne parvenais à passer devant la porte sans lui donner un coup de pied. J'avais l'horrible tentation de taper dans la porte de mon pied gauche ou de lui donner plusieurs coups; mais chaque fois une peur incontrôlable me saisissait et je décidais finalement de ne pas modifier mon action habituelle. J'ai dit « horrible tentation »; c'est bien ce que je ressentais au moment où surgissait le désir impulsif, même si mon moi normal ne voyait là qu'une expérience. Mais lorsque l'impulsion m'assaillait, l'intention s'effaçait devant la peur et une terreur horrible et inconnue empêchait toute action qui ne fût pas l'action impulsive elle-même – la crainte de quelque chose d'inconnu et de vague, d'autant plus horrible que l'origine de cette panique restait inaccessible à la raison comme à tout principe de causalité.

La porte commença à m'obséder; je commençai à la craindre et à lui donner mon coup de pied habituel comme par superstition : l'esclave offre prières et sacrifices au dieu qu'il voudrait dédaigner mais qu'il redoute trop pour oser lui tenir tête. Lorsque j'ouvrais la porte, une étrange sensation me parcourait l'épiderme et je m'empressais de quitter la pièce. Je redoutais en particulier d'y pénétrer la nuit ; je donnais un coup de pied dans la porte, entrais en tremblant, ressortais aussi rapidement que possible, les yeux mi-clos et, en toute hâte, donnais un autre coup de pied et refermais la porte avant de m'enfuir vers la partie de la maison où j'avais prévu de me rendre. L'horrible incertitude, d'autant plus effroyable du fait même de son indéfinition, s'abattait sur moi toutes griffes dehors ; il en va ainsi de la peur la plus profonde – la peur des choses inconnues.

Je me demandais souvent quelle pouvait être la cause de tout cela. Que pouvait bien avoir en elle-même cette porte pourtant si anodine pour me faire ainsi trembler ? Était-elle dotée d'une âme capable d'avoir quelque influence sur la mienne ? Je pris la décision de ne plus lui donner de coups de pied ; voilà une sage résolution, pensai-je. Bien vaine, cependant ; dès que survenait le moment, dès que pointait le désir impulsif, toute tentative de résistance prenait absolument et définitivement l'apparence d'une tentation, d'une idée sacrilège, et la plus vile qui fût. Ce qui avait été tout naturellement posé de façon rationnelle semblait alors par trop immoral et il devenait inconcevable de s'y tenir.

Je considérai alors le caractère anormal de ma personnalité et décelai des analogies avec certains types de maladies nerveuses. Hélas ! L'explication pouvait être fort simple, pour moi elle n'en restait pas moins lamentablement insuffisante. On peut dire au mégalomane qu'il souffre d'une monomanie courante et facile à expliquer ; pour lui, il s'agit de quelque chose de bien plus profond, de bien plus réel et de bien plus authentique. Nous nous faisons, dans notre normalité satisfaite, je ne sais quelle conception de l'âme du fou. Nous en observons les manifestations et de là tirons la conclusion d'une grande différence – □ différence – entre nous et lui, le fou.

Hélas ! Nous pouvons peut-être classifier, mais nous ne pouvons pas expliquer. Nous pouvons déclarer d'un homme qu'il souffre de telle maladie, de telle manie ; si nous sommes des adeptes de la phrénologie, nous pouvons dire qu'il le doit □ au développement anormal de telle ou telle partie de telles ou telles circonvolutions cérébrales ; nous pouvons classifier, faire des conjectures – jamais expliquer. Hélas pour le matérialisme et pour la science ! L'explication de ces menus points, de tous ces □ banals de la médecine et de □, a inextricablement à voir avec l'explication du Temps et de l'Espace, avec la matière et l'esprit, avec la Relation et l'Absolu. À quoi cela pouvait-il alors m'avancer de savoir que j'étais un névrosé ou un neurasthénique, ou quoi que ce fût de ce genre –

ce ne sont là que des noms, des classifications, *en rien* des entités. Non, vraiment rien qui nous renseigne sur la cause des choses*!

Un homme a peur d'une clé de porte, d'une rose, d'un chien qui l'observe; il défaille en entendant le mot « regarde** » ou est pris d'une terreur panique en sentant une odeur de fromage, ou frémit si l'on rit d'une certaine façon; on dit de lui qu'il est fou. Fou! Mais qu'est-ce qu'être fou? Le génie est une folie – à tout le moins un trouble nerveux –, le crime est une folie □

Plus on est dans l'anormal, plus on a de chances d'atteindre à la vérité; voire (pourquoi ne pas le dire?), plus on est dans l'anormal, plus on est dans la vérité.

Par exemple, il est peu de choses qui fassent plus ricaner les gens que le phénomène spirite; et pourtant leur ricanement est tout à la fois stupide

* *Sur un autre manuscrit: « Donner un nom à une chose, c'est l'ignorer; la vraie science ne s'occupe pas de noms ni de symboles ni de manifestations mais s'efforce de voir dans l'âme des choses et de savoir ce qu'elles sont, à supposer qu'elles soient réellement quelque chose. »*

** *En marge du poème « Insomnie », de janvier 1906, signé Alexander Search, on peut lire cette annotation : « Obsession d'un mot/signifiant/J'aime à méditer sur un mot/Sur sa structure s'effritant/Jusqu'à en perdre tout son sens/Quand je ne peux pas dormir/L'horloge monotone/ressemble à un dément/obsédé par un mot/jusqu'à ce que ce mot n'ait plus de sens/comme une femme pleurant/sur le corps d'un mort/Obsession d'exprimer un sens étrange de la chose la plus commune. » in Fernando Pessoa,* Œuvres poétiques, *op. cit.*

et non scientifique. Le surnaturel les fait rire ; ils le qualifient d'anormal et, pour preuve de cette affirmation sans fondement, font valoir sa rareté, c'est-à-dire la rareté de ses manifestations. Rien de plus faux !

* * *

Mais l'attraction plus qu'horrible que la porte exerçait sur moi commença à peser sur mon esprit. Je m'évertuais à me libérer de son influence, mais ne possédais pas la fermeté requise. Je m'évertuais à briser les lois horribles et occultes de mon obsession, mais mon courage se révélait insuffisant. À la fin, j'en étais arrivé à un point tel que je ne pouvais même plus m'empêcher d'emprunter le couloir dans lequel se trouvait la porte, quand bien même j'avais le choix entre deux ou trois autres pour atteindre la partie de la maison où je souhaitais me rendre. L'infernal magnétisme de la porte s'était étendu au couloir tout entier. Je tâchais alors de ne pas l'emprunter lorsque trois autres itinéraires s'offraient à moi et que l'un d'entre eux était plus court ; au début, j'y parvins mais, bientôt, plus je pensais qu'il valait mieux, qu'*il ne fallait absolument pas* traverser ce couloir et plus je l'empruntais, jusqu'à finir par ne plus hésiter le moins du monde, tandis qu'au fond de moi mon âme mal assurée chancelait et se débattait, folle de frayeur.

J'avais alors près de vingt ans. Je me rendais souvent à la capitale, où je séjournais. Lorsque je revenais, j'étais sous l'emprise de la porte. C'est pourquoi j'essayais de m'en tenir éloigné ; mais bien vite, pour ma plus grande horreur, même en me trouvant à Londres, je me sentais attiré par le château lui-même. La porte avait étendu son pouvoir au château. Je haïssais et redoutais la porte. Je n'aimais pas le château, mais il m'était impossible d'en rester éloigné. Je ne devais pas me laisser aller à penser au château car, si d'aventure mes pensées se portaient vers lui, ne serait-ce que pour m'en dissuader, je devenais aussitôt sa proie. Au bout du compte, il m'était impossible de vivre loin du château, et dans celui-ci de me tenir éloigné du couloir, et dans le couloir de me tenir éloigné de la porte. Il m'arrivait de lire, de méditer, de rêver en traversant ce couloir et, chaque fois, je donnais un coup dans la porte avec mon pied droit. Pouvais-je pénétrer, vous demandez-vous, à l'intérieur de la pièce ? Non, ce qui se trouvait derrière la porte ne m'intéressait pas ; c'était son côté extérieur – celui du couloir – qui ravageait mon esprit et mon cœur.

L'obsession se fit plus grande encore. [*phrase en grande partie illisible*]. Les forces de mon esprit furent mises à mal, ma mémoire et mon attention sévèrement affaiblies. Au fond de moi, déraisonnablement, je considérais la porte comme une personne ; je □

[*blanc équivalent à environ trois lignes de texte*]

Le désordre mental qu'entraînait chez moi une telle attraction ne se prête guère à l'analyse. Vous avez peut-être entendu ou lu des choses au sujet de cette faculté de l'esprit humain que Poe appelle « perversité » et dont il affirme qu'elle est une caractéristique de l'homme au même titre que n'importe laquelle de ses facultés motrices ou intellectuelles. Poe avait tout à la fois tort et raison ; mais il a négligé d'analyser cette faculté avec la persévérance et l'attention requises.

Je m'interrogeai sur plusieurs points : quelle était l'âme de la porte ? Qu'était-ce que cette porte ? Quel mystère recelait-elle ?

Je restais jour et nuit dans le couloir ; je dînais rapidement, feignais d'être indisposé, fuyais la société (que je n'aimais pas) pour rejoindre le couloir avec la porte afin de pouvoir lui donner des coups de pied. Si je ne m'étais pas transformé, me disais-je, en l'indescriptible individu que j'étais devenu, que ferait la porte ? Ne serait-elle pas prise de colère ? Quelque événement d'une indicible horreur ne se produirait-il pas ? La peur que m'inspirait la porte surpassait de loin toutes les peurs humaines ; l'attraction qu'elle exerçait sur moi surpassait de loin toutes les attractions humaines.

Bientôt, cette attraction se renforça. Je n'osais dormir dans la pièce, je n'osais y rester une seule minute ; bientôt, je pus seulement regarder la poignée de la porte. Peut-être s'ouvrait-elle sur quelque chose d'horrible.

Le soir, j'apportais une chaise que j'installais devant la porte ; je dormais là, je ne pouvais dormir dans mon lit. Je dormais sur la chaise face à la porte ; quand je ne dormais pas d'une traite, je me levais plusieurs fois pour lui lancer des coups de pied – avec mon pied droit évidemment – pour que la porte ne soit pas prise de colère ou pour qu'il n'arrive rien, ou pour quelque obscure raison que je prenais pour celle-là ou qui me semblait de cet ordre car elle m'inspirait de la peur, comme la peur de quelqu'un ; or, une telle peur ne saurait s'expliquer que par de telles raisons. Une peur horrible naissait de toutes choses en lien avec la porte lorsque je m'en éloignais ; mais celle que je ressentais en étant près d'elle n'était pas moins horrible. Je prenais soin de faire dormir un domestique à proximité ; je ne me rappelle pas quelles excuses je donnais et il m'est bien égal qu'elles aient été crues ; ce que je □

Je finis par m'affaiblir et tomber malade, m'approchant chaque jour un peu plus de la mort, □

* * *

Vous aurez noté qu'au long de mon histoire j'ai montré que je considérais la porte comme une sorte d'entité personnelle. C'est exact et le plus horrible dans tout cela c'est que les peurs qu'elle m'inspirait était du même ordre que cette peur des esprits, absolument incontrôlable chez certains, ou que la crainte de Dieu chez les gens très pieux. Deux éléments entraient dans la peur et l'attraction que la porte suscitait chez moi : la personnalité et le mystère, l'indéfini, l'inconnu. C'était quelque chose, irais-je jusqu'à dire, d'aussi horrible et fascinant que l'abîme. Mais plus terrifiant encore, dans la mesure où s'ajoutait à cette dimension mystérieuse et indéfinie celle de la personnalité. À cet égard, c'était tout aussi horrible que la peur des esprits. Voire plus horrible encore, car toutes ces notions de mystère, d'attraction indéfinie, de crainte indéfinie, de personnalité encore plus indéfinie et plus horrible, se rapportaient ici à une chose aussi tangible, aussi risiblement ordinaire qu'une porte. En ce sens, de par cette association, c'était plus qu'indiciblement effrayant.

Il y a une question que se pose peut-être le lecteur, à juste titre : quel genre de coup de pied donnais-je à la porte ? S'agissait-il d'un coup de pied enragé, de □

Rien de tout cela. Dans un premier temps, je pensais qu'il s'agissait d'un coup de pied impulsif. Mais il me fallut bientôt réviser mon opinion ; et voici ce que j'en vins à penser ensuite : ce qui était impulsif, ce n'était pas le coup de pied mais l'émotion, ou le sentiment, ou la sensation, qui le produisait. Ce fut avec horreur que je découvris qu'il s'agissait en réalité d'un coup de pied conciliatoire. Sans toutefois l'être entièrement.

On pourra comparer le coup de pied que je donnais à la porte à ce que l'on voudra ; mais j'ai déjà fait des comparaisons qui illustrent suffisamment ce qu'il pouvait signifier. Je ressemblais à un homme contraint par une force intérieure à baiser la bouche d'une tête de mort □

Il n'en reste pas moins qu'aucune comparaison ne saurait donner une idée juste de l'ascendant que la porte avait pris sur moi*.

Le déséquilibre mental provoqué par cette attraction est difficilement analysable. Je l'ai déjà dit : nous n'avons pas d'explication. Je vais vous indiquer à présent pour quelles raisons mon □ ne

* *Pessoa insère ici une note postérieure à la première rédaction : « C'était un coup de pied conventionnel que j'infligeais alors à la porte. »*

peut être expliquée. D'abord, il se trouve qu'à cette époque, dans mon esprit, les causes et les effets se confondaient facilement, en sorte que toute analyse était impossible. J'étais affecté par deux éléments : l'attraction et la peur. Or, il m'apparut impossible de déterminer, en premier lieu, si la peur que je tentais d'analyser était réellement engendrée par cette attraction ou plutôt par l'analyse que j'en faisais ; laquelle, dans la mesure où elle résulte d'une faculté humaine et logique, devait bien revêtir une signification humaine et plus ou moins logique, en dehors de celle de n'en avoir peut-être aucune ou, au mieux, une qui fût monstrueuse.

La peur qui accompagnait aussi bien l'attraction que la répulsion que cet objet m'inspirait était indéfinie et indéfinissable. J'imagine donc que son objet est également – devait être – indéfini et indéfinissable. Toute peur humaine semble indéfinie, mais peut facilement se circonscrire à des objets qui, eux, sont parfaitement définis. Il y a en outre la peur de l'inconnu, la peur du possible – la peur de se trouver dans une pièce plongée dans le noir : c'est là *l'incarnation de la peur*. Mais, pour ma part, vis-à-vis de la porte, il en allait autrement. Ma peur se rapportait certainement à quelque chose d'inconnu, mais elle avait ceci de particulier qu'elle se transmettait à travers la porte et s'accompagnait très consciemment d'un sentiment comparable à la peur qu'on peut avoir d'un individu. C'est là la meilleure façon de la décrire ; que le lecteur ait compris ou non, je ne puis mieux faire pour l'aider.

Mais allons plus avant dans mon histoire. Il arriva un moment – j'avais alors vingt-deux ans – où je fus dans un tel état de faiblesse et de ☐ que ma famille m'emmena de force dans un pays étranger. En chemin, je leur échappai, affaibli et malade comme je l'étais, et m'en retournai au château pour donner un coup de pied à la porte avec mon pied droit. Ils me retrouvèrent au château, m'en éloignèrent de nouveau, mais cette fois je ne parvins pas à leur échapper, bien que je tremblasse d'effroi à l'idée de ne pouvoir payer mon tribut à la porte.

Lentement, je me rétablis ; je ne pensais guère, voire plus du tout, à la porte. Ma famille revint et me confia à des amis à qui j'étais moi-même très intimement lié. En leur compagnie, je rentrai au pays et m'installai chez eux. Leur demeure était éloignée du château autant que pouvaient l'être deux habitations de notre nation. Là, remis et apaisé, l'amour de la fille de la maison m'offrant le plus grand des réconforts, je passais mon temps à me promener avec ma bien-aimée, à lui faire lecture, à me prélasser dans la lumière qui émanait de son incomparable présence divine.

Un beau soir*, tandis que nous nous promenions, bras dessus bras dessous, elle se risqua à m'interroger sur ce que jamais nous n'avions abordé jusqu'alors au cours de nos conversations. Elle me demanda quelle avait été la cause de mon affaiblissement. Je dois indiquer ici que les membres de ma famille eurent beau souvent poser la question, chercher à s'informer auprès d'autres personnes, observer, mobiliser tous les moyens en leur pouvoir, ils ne parvinrent jamais à approcher le moins du monde la vérité. Ce n'était guère facile – si l'on y pense – de savoir par l'observation ce qui avait brisé mon esprit : interroger des tiers n'avait fait que les désorienter davantage. Me questionner directement n'avait jamais été d'aucune utilité. Pourquoi ? me demanderez-vous. Parce que je ne révélais pas la vérité, en dépit de ma nature des plus franches. J'avais quelque réticence, à vrai dire, à l'idée de donner une explication si extraordinaire qu'elle n'eût aucune chance d'être crue ni d'échapper au qualificatif d'absurde. Offrir une telle explication m'eût assuré d'être rangé parmi les fous.

* *Au-dessus de cette ligne, Pessoa inscrit « # fétichisme », prévoyant probablement d'inclure ici de futurs développements sur ce thème. Il existe par exemple une brève note manuscrite sur le « fétichisme dans l'amour », suivie de la mention « Door ».*

Mais surtout, bien au-delà de ces raisons, il y avait une peur horrible et inexplicable – la même que celle qui rendait la porte fascinante et repoussante tout à la fois et ruinait complètement ma vie. Ce n'est pas que je ne voulais pas en parler : c'est que je ne le pouvais pas.

* * *

À peine eut-elle achevé sa question que je sentis la folie gagner mon cerveau.

« C'est la porte, répondis-je, en tremblant pitoyablement, c'est la porte, c'est la porte.

– Mais quelle porte ? me demanda-t-elle, stupéfaite. Où est-elle ? De quel genre de porte parlez-vous ? »

Mais quelque chose avait brusquement changé en moi ; en me rappelant la porte, en l'imaginant, voilà que je sentais de nouveau se resserrer sur moi son horrible étreinte. Je devins fou, martyrisé par cette attraction contre laquelle je luttai avec la dernière volonté. Pauvre sot que j'étais, l'attraction se renforça, prit le dessus, s'imposa. À tant se concentrer pour la contrecarrer, mon esprit provoqua (comment exprimer cela ?) une horrible assimilation entre l'impulsion et la volonté. L'attraction qu'exerçait la porte, horrible, mystérieuse, inconnue, devint tout à la fois un motif forcément légitime et un motif suscitant mon opposition. De la même manière que les hystériques ressentent un effroyable besoin de se contorsionner, de se coucher à terre, d'éclater de rire en dépit de leur raison et de leur volonté, j'étais en proie à une horrible et incontrôlable impulsion, dont l'intensité s'avivait à mesure qu'elle devenait un motif d'opposition, m'incitant à fuir l'endroit où je me trouvais, sur-le-champ, afin de rejoindre la porte. Pour quelle raison, dans quelle intention, je l'ignorais – la seule chose que je savais, c'est qu'il y avait en moi un motif obscur et imperceptible, et je me rappelle que je le redoutais tout en me conformant à ce qu'il m'imposait nerveusement. Ce que ressent une femme hystérique, je le ressentais moi-même – intensifié et amplifié par la non-distorsion du corps, par l'étrangeté, l'horreur, l'incongruité de l'attraction. J'ai dit « non-distorsion du corps » ; je veux dire que je ne me contorsionnais pas comme le font les hystériques, ne m'allongeais pas au sol comme en proie à la paresse, pas plus que je ne me mettais à hurler. En revanche, comme pour toutes les affections nerveuses, mystérieuses, le désir impulsif se propageait dans tout mon corps. Je mourais d'envie de partir, de courir, de m'éreinter, de me tuer, de martyriser mon corps, de me faire souffrir. C'est sous cette forme que se matérialisait ma nervosité.

Si d'aventure elle m'avait retenu, aussi douce fût-elle et malgré tout le respect qu'elle m'inspirait, je l'aurais frappée à coups de pied, je l'aurais envoyée à terre avec une joie féroce, en usant de mes bras et de mes jambes avec allégresse, en agissant avec une *nervosité* grotesque, d'autant plus glorieuse qu'elle était faible, en raison de son sexe, et devait ressentir vivement la douleur.

Quoi qu'il en fût, voici ce qui advint. J'entrai en convulsion, me marchai sur un pied avec l'autre, m'assenai volontairement un coup dans le tibia, me mordis les lèvres et, pour finir, me frappai furieusement la main.

Mais c'est ensuite que ma véritable réaction physique se manifesta. Je la repoussai avec rudesse et je crois bien qu'elle éclata pitoyablement en sanglots. Je me mis alors à courir à travers la campagne, résolu, à une allure effroyable, en proie à un effroyable écheveau de sensations. Il est peut-être significatif que je courusse alors vers la plus éloignée des deux gares des environs au seul motif que son nom m'était venu à l'esprit, malgré la distance qui nous séparait. Peut-être était-ce pour courir plus, peut-être était-ce pour quelque autre effroyable raison. Je n'invente rien ! Qui pourrait dire la raison de tout cela ?

* * *

Il me fallait m'attaquer à la porte [*mot illisible*]
[*blanc équivalent à environ sept lignes de texte*]

Tels étaient mes sentiments. En conséquence, quasi dépossédé de ma raison sous l'effet d'une horreur inconnue, je levai mon pied gauche et assenai un coup à la porte.

Si seulement j'avais pu être soudain frappé de paralysie, si seulement j'avais pu tomber raide mort, ou bien encore ne jamais être né : ainsi, je n'aurais pas eu à être le témoin de ce que je vis.

Comment décrire ce qui advint ? Comment trouver les mots ?

À peine mon coup de pied gauche – guère appuyé – eut-il atteint la porte que son loquet se souleva – horreur ! – de lui-même, puis la porte s'ouvrit lentement, avec dans chaque seconde de cette lenteur une éternité entière d'effroi, de douleur, d'angoisse, □ me plaquer au mur en titubant, à demi mort de peur. Comme je voudrais que rien de tout cela ne se soit produit, que cette folie m'ait épargné !

Ce qui arriva alors – horreur des horreurs – arriva en quelques secondes et il ne faut pas plus de quelques minutes pour le coucher ici par écrit – alors que pour moi cela dura toute une éternité dans un effroi figé, une attente de statue.

La porte, en s'ouvrant, révéla mon épouse en train de dormir sur le lit avec mon enfant.

Bientôt, cependant, le sol se mit à trembler. Un tremblement de terre – jamais aucun tremblement de terre n'était survenu dans la région –, un tremblement de terre. La peur qui m'étreignit fut la plus grande qu'un être humain pût éprouver.

Retentit alors le bruit d'une tempête se déchaînant brutalement. Le mur de la chambre s'effondra sur le lit, il y eut comme un éclair soudain, rien d'autre en réalité que la lumière extérieure pénétrant dans la chambre.

Cet éclair grandit au plus profond de mon âme. Ce bref coup de tonnerre me brisa le cœur. Vous ne pouvez vous figurer le sourire diabolique de cet éclair ni ce qui, de manière imperceptible, dans ce grondement, rappelait par intermittence une voix humaine. Cet éclat lumineux avait transpercé le mur, certes, mais il était plus que cela ; de même qu'il y avait autre chose que du bruit dans ce coup de tonnerre : il y avait là – je le sentais avec la dernière intensité – l'esprit de la porte, la porte incarnée – l'essence de la porte, le noumène, la porte en soi.

Le mur s'écroula. Tout cela en une seconde. Le mur, dis-je, s'écroula. En l'espace d'une seconde, certainement, encore que pour moi, qui me trouvais en dehors du temps, dans une sorte d'éternité plutôt qu'en proie à une terreur surnaturelle, les cloisons semblaient animées d'un mouvement si lent que je crus ne jamais les voir s'effondrer, alors même qu'à aucun moment elles n'avaient interrompu leur chute. Et cette fois encore, dans la chute de ces murs se trouvaient l'esprit de la porte, l'Inconnu, l'Inconcevable, l'Abstrait, la Chose.

J'étais alors assurément sain d'esprit ; dans le cas contraire, pourquoi, alors que j'étais au paroxysme de la peur et au paroxysme d'une éternité de terreur, pourquoi, pendant que je regardais les murs dont je ne m'expliquais pas qu'ils pussent s'écrouler sans s'écrouler, eût-on dit, aurais-je pensé au paradoxe de Zénon avec Achille et la tortue au sujet du mouvement ?

Les murs, je vous l'assure, s'écroulèrent. Ils s'écroulèrent bel et bien. Ils s'écroulèrent sur le lit et le brisèrent. Une partie broya le corps admirable de mon épouse ; une autre partie (malédiction, sordide □) broya celui de mon enfant, l'anéantit, le transforma en bouillie, en chose putrescible, déchet inanimé, poussière, matière et rien que matière.

Qu'était-ce donc qui me rendait fou à la fin, un délire ou un rêve ? Ni l'un ni l'autre ; c'était la réalité, c'était un fait : lorsque les murs s'écroulèrent sur mon épouse, sur mon enfant, j'entendis les craquements de leur corps, de leurs os, de leur chair, de leur être tout entier, *et dans ces craquements se trouvait la nature occulte d'une porte.*

UN DÎNER TRÈS ORIGINAL
de Fernando Pessoa
a été achevé d'imprimer en octobre 2011
sur les presses de la Nouvelle Imprimerie Laballery,
à Clamecy - 58500

Éditions Cambourakis
2, rue du Marché-Popincourt
F-75011 Paris
www.cambourakis.com

N° d'impression : 110139
Dépôt légal : novembre 2011.
ISBN : 978-2-916589-81-7
Imprimé en France.